智元微库
OPEN MIND

成 长 也 是 一 种 美 好

从零到亿

牟家和 著

人民邮电出版社

北京

图书在版编目（CIP）数据

从零到亿 / 牟家和著. -- 北京 ： 人民邮电出版社，
2023.2
ISBN 978-7-115-60858-1

Ⅰ．①从… Ⅱ．①牟… Ⅲ．①营销 Ⅳ．①F713.5

中国版本图书馆CIP数据核字(2022)第252278号

◆ 著　牟家和
　　责任编辑　张渝涓
　　责任印制　周昇亮
◆ 人民邮电出版社出版发行　　北京市丰台区成寿寺路 11 号
　　邮编　100164　电子邮件　315@ptpress.com.cn
　　网址　https://www.ptpress.com.cn
　　河北京平诚乾印刷有限公司印刷
◆ 开本：880×1230　1/32
　　印张：10.5　　　　　　　　　2023 年 2 月第 1 版
　　字数：280 千字　　　　　　　2023 年 2 月河北第 1 次印刷

定价：69.80 元
读者服务热线：（010）81055522　　印装质量热线：（010）81055316
反盗版热线：（010）81055315
广告经营许可证：京东市监广登字 20170147 号

和五菱一起，
将此书献给亲爱的朋友们，
永远相信美好的事情
终会发生。

推荐序

薛海涛
上汽通用五菱汽车股份有限公司副总经理

一直以来，汽车都是面向企业（To B）的生意，汽车企业其实是把车卖给经销商，而不是卖给终端用户。但随着汽车行业数字化的变革和社会化媒体的蓬勃发展，汽车企业积累了更准确的用户画像和洞察，于是各大汽车企业纷纷开始DTC[①]转型的探索。

DTC转型探索的核心就是"全面面向消费者"（To C），这种To C最重要且最难的就是思维上的全面直面消费者，它是指这家企业有没有从战略上、文化上、每一个动作、在每一个员工的心里真正把消费者当作最重要的资产。对五菱而言，"以消费者为中

---

① 英文全称是"Direct To Customer"，意指直接面向消费者的品牌商业模式。

心"一直都不是一句口号式的标语，而是真正"从用户中来，到用户中去"的一场品牌营销实践。

过去几年，牟家和女士携团队和五菱一起共创了非常多的直连用户的实践，比如超级用户的生态运营、社交媒体矩阵搭建、直播电商全链路的实践，甚至是赋能经销商体系更懂用户等，都取得了行业里瞩目的成绩。

在阅读这本书的时候，很多地方都让我联想起德鲁克先生说过的一句话，"企业只有两件事必须做：一个是营销，另一个是创新。"这本书在 DTC 营销和创新方面给我们带来了很多的启示，我们现在要做的营销工作就是基于 DTC 思维去工作，我们要不断创新，要适应新的环境变化和复杂的用户决策习惯，要和用户去建立新的连接，为他们带来新的价值和内容。我从这本书里各行各业、国内外鲜活的品牌案例中受到了不少启发。

总之，汽车行业已经全面进入"用户时代"。未来成功企业的经营模式都将过渡到用户经营，将用户运营能力视为企业的核心竞争力，将用户关系深度视为企业的核心资产。围绕用户的组织和营销创新变革，是每一个品牌的头等大事。

苗树

小仙炖鲜炖燕窝董事长 / CEO

2022 年 5 月，知家发布了一份关于 DTC 行业的报告，从 DTC 的 5 大支柱、知家 DTC 营销方法论、直面用户的意义和未来趋势等 5 个方面，对 DTC 进行了全新的解读，也对 DTC 中备受关注的问题进行了专业解答。

如今，《从零到亿》这本书的出版，不仅更加系统化、全面化呈现了 DTC，更是通过一个个鲜活的案例，非常生动、清晰地阐述了 DTC 的底层逻辑以及现实应用，为大家提供了模型和参考，给大家以启发，具有极强的实践意义。

对小仙炖鲜炖燕窝来说，DTC 并不陌生，我们就是在 DTC 的基础上成长起来的，所以在阅读本书时，引发了很多共鸣和思考。基于当下的消费场景，DTC 能够让品牌更好地围绕用户需求来打磨产品和服务，进而反向推动供应链的建设，从而有效建立品牌与用户的良性互动和双向循环。

与此同时，书中对于用户的理解，以及如何围绕用户做深度沟通的相关内容非常具有实操性。其中提到的全域运营，更是当下品牌们都在积极布局的，这也给了很多品牌一个可借鉴的方法。

总之，无论对新消费品牌的打造还是对传统品牌的 DTC 转型，《从零到亿》这本书都提供了非常有价值的指导意义。希望通过这本书的助力，能够成就更多品牌。

王文博

香港科技大学商学院教授

《从零到亿》是近年来罕见的优秀品牌实操读物。根据近几年我对上千名中国企业高管的授课经验与咨询观察，本书几乎涵盖了所有企业在新时代打造 C 端品牌所关心的热点问题：超级用户、私域运营、内容分发机制、社交关系、内容矩阵构建、爆款打造、全域融合，不一而足。牟家和把多年的深度思考，结合自身丰富的实践经验，利用众多最新的案例，通过新颖的双环增长模型把这些热点问题串联起来，系统性地呈现极具实操性的品牌方法论。这本书可以极大地帮助企业家、投资人、企业高管理解新时代的营销理念。尤其是以下三类读者，相信会有特别大的收获。

第一，急需品牌年轻化的企业高管。中国有一大批已然成名的品牌，由于吃到了早期互联网人口增量的红利，目前，许多品牌主已经意识到流量见顶的事实。在"00后"成为手机原住民与日新月异的信息载体环境下，老品牌如何与时俱进，成为许多高管头疼的问题。本书从方法论到实操案例，从极致产品、超级用户、品类王者、关键渠道、饱和内容、超级运营6个维度，探讨了如何直面消费者打造具有生命力的品牌。

第二，需要提升内容营销效率的品牌主。如何通过内容连接顾客，加强顾客黏性，提高内容效率，是当下许多品牌主苦苦摸索的路径。本书翔实地介绍了中国主流内容平台的现状与分发机制，同时把内容营销与线上线下渠道和运营相结合，大大增强了实操性。

第三，跨境电商从业者。在原有贴牌加工的基础上，越来越多的跨境电商开始摸索如何打造跨境品牌。但是，市面上缺乏这类内容的图书，商学院也鲜有成体系的此类课程。本书提供了富有实操性的思维框架，同时列举了不少成功的跨境电商案例，相信会给这类读者带来启发。

我要向我身边的企业家、投资人、高管学员、学术同行推荐这本书。我相信你读完后，会和我一样，有种大呼过瘾的感觉！

刘小鹰

老鹰基金创始合伙人 / 新龙脉控股合伙人 / 中国长远控股董事局主席

当年，老鹰基金全方位布局移动互联网天使投资时，看准了移动新媒体细分赛道的发展潜力，于是把目光聚焦在这一领域。2014年，获悉中关村创业大街 Binggo 创业咖啡有一位美女创始人在做新媒体创业，她不仅是一位连续创业者，而且具有丰富的企业咨询和培训实践经验，操盘过 1400 个企业培训项目和 300 个企业咨询项目。就这样，我和家和相识并一见如故，老鹰基金也有幸成为 ZMO[①]的种子轮投资人，并在后面的 Pre-A 轮追加了投资。

知家帮助企业培养 ZMO，并提供自媒体管家运营服务。学营销

---

① 知家创业早期的产品名字，意为企业自媒体运营官。

出身的我，当时不仅看懂了 ZMO 未来的商业模式，还提出建议：ZMO 应该及早给企业提供新媒体营销服务，实现流量转化和变现，增加收入来源。

到了 2016 年，知家的商业计划书迭代了，商业模式已经升级为"企业新媒体服务平台"。牟家和认为，新媒体已成为企业营销的主战场，新媒体全平台运营能力是影响企业流量变现的关键因素。知家当时给企业主提供从零开始的新媒体全套服务，包括账号诊断、账号搭建、界面设计、内容运营、媒体投放、电商搭建、活动策划和推广。由此可见，早在 6 年前知家已经洞察到新媒体营销的巨大潜能和商机，播下了今天成为 DTC 营销领军企业的种子。老鹰基金不仅是知家的股东，也是知家最早期的种子客户，在知家的网站和商业计划书中，曾经有我的一句推荐语："家和的团队很拼，对于新媒体运营，交给他们，你会很放心。"多年来，知家帮助了很多知名企业培养新媒体人才，搭建新媒体部门，并深入企业内部共建新媒体运营和营销团队，取得了客户的信任和赞许。

家和给我印象最深刻的一句话是："鹰总，我经常在改商业计划书，这么多年来至少改版 200 次。"这肯定是我见过改商业计划书最多的创业者了。这句话代表了一种不断否定自己、不断迭代升级、精益求精的创业精神。正因为知家在 DTC 领域的创新和

从零到亿

领跑，在中国 DTC 营销领域几乎看不见对标企业，它们取得的成绩也在不断地刷新我们的认知。2018 年，知家率先探索并整合出六大创新业务，包括抖音代运营、KOL[①] 合作、增长套餐、广告投放、网媒发稿以及新媒体在线培训等看家本领，并先后与包括脉脉、猫王收音机、小仙炖等知名品牌在内的众多品牌进行了合作。其间，在抖音电商上线不到一年的时间里，销售额排名前 10 位的账号中有两个 KOL 账号都是由知家负责运营的。

自此，知家进入企业新媒体营销全平台服务的商业模式，覆盖了全网新媒体，包括微信、微博、抖音、快手、小红书、B 站[②]、知乎七大主流平台，为企业提供一站式新媒体营销全案服务，并创造性地提出"品效销"[③]的创新商业模式，帮助企业实现流量转化和变现，实现了当年我的一点猜想和预判。

在新媒体时代，很多企业遇到经营和转型困难，面对品牌如何定位、用户如何运营、流量获取困难、业绩增长乏力等问题，知家率先提出企业全案业绩增长模型：

---

① 关键意见领袖（key opinion leader，KOL），营销学概念，通常被定义为拥有更多、更准确的产品信息，且为相关群体所接受或信任，对该群体的购买行为有较大影响的人。——编者注

② 哔哩哔哩，中国年轻一代高度聚集的文化社区和视频平台，简称 B 站。

③ 品，即品牌传播持续性；效，即品牌传播深度；销，即产品销量增长。

$$销售＝（产品＋用户＋品牌）×（新媒体＋新内容＋新渠道）$$

基于这个业绩增长模型，知家的团队规模从创业初期的几个人扩大至几百人，为企业客户提供五大核心能力，包括品牌社交人格塑造、流量池建立与运营、产品粉丝培养、商业变现和社交形象维护，合作的主要客户包括红领集团、圣元集团、金马药业、远大空调、用友集团、长江商学院等企业。

从 2020 年开始，家和发给我的新版公司介绍的标题已经变成"知家 DTC：中国领先的品牌增长运营管理平台"，行业服务范围已经覆盖食品、消费、健康、文旅、教育、金融和母婴七大板块，常年服务客户包括五菱汽车、特步集团、良品铺子、雀巢咖啡等知名品牌。更让我惊喜的是，知家不仅开始盈利并获得知名机构的战略投资，还连续为品牌客户创造多项纪录。比如，在五菱宏光 MINI 的潮创盛典活动中，知家发动所有的经销商、KOL 与五菱用户一起，开启了别开生面的"品牌—用户—产品"全链路营销，提出全民共创社会化营销策略。这一策略不仅帮助五菱官方账号在抖音汽车领域、B 站汽车领域、小红书汽车领域均荣登排行榜前三，更是打造了全国第一家汽车直播基地，创造了单场汽车直播销售额过亿元的纪录。当然，知家 DTC 还创造了太多经典的案例，这里不再赘述，留待大家翻开家和的这本力作时揭开谜底吧。

X

作为天使投资人，很高兴陪伴知家一路走来，披荆斩棘，也很欣慰见证家和与知家 DTC 的成长。记得在很多个夜晚，家和和我互通信息，高兴地分享企业的最新进展，也提出一些想法和诉求，我都尽我所能地提供建议和帮助。像这次为本书写序，我也翻出了知家从开始到现在的主要商业计划书版本，重温了知家的成长和迭代过程，从中看到了第一版商业计划书里家和的青春和青涩，也看到新版商业计划书里她的成熟和稳重。知家取得的所有成绩，都离不开家和的创意和创新，更离不开整个知家团队的努力和付出。知家和家和取得的成绩，让我们真正见识到新一代女性创业者不仅持家有道，创业更是巾帼不让须眉。

在这里祝贺家和的新书出版一纸风行，洛阳纸贵。

自序

从投身创业大潮，迄今为止我经历过三次创业，始终没有离开企业服务这个赛道，一直在为企业提供服务、创造价值。这些年，前后总计服务了近 2000 家公司，其中有很多初创期的小公司，也有包括蒙牛、五菱等在内的国内知名企业，还包括百事可乐等世界五百强企业。

在这个过程中，我陪伴和见证了很多企业从 0 到 1，又从 1 到 N 的成长和发展过程。当有了这些过程的积累之后我发现，很多经验完全可以赋能给从 0 到 1 的初创企业和品牌，从而帮助它们更快地实现创业梦想。

我的整个创业历程，正好与中国改革开放后半段的发展历程基本重合。可以说，我是伴随着改革开放的步伐一点一点成长起来的，在这个过程中也有幸见证了很多传统企业的起步和发展，也见证了很多传统品牌在上一代营销商战中的崛起过程。但到了今天，营销的玩法已经有了很大的变化，DTC 的时代已经到来。

DTC 是一个舶来词，也就是说，这种品牌商业模式并不是中国出产，而是诞生于西方。经过十几年的发展，DTC 于 2014 年左右进入中国市场。由于当时的社交媒体方兴未艾，DTC 的发展比较缓慢。不过，作为 Web2.0 时代非常关键的产物之一，社交媒体在中国的发展速度是非常惊人的，很快造就了一个信息流动性强大的市场。

尤其是在 2020 年之后，社交媒体对经济的刺激愈发猛烈，也让企业和品牌与用户的接触链路变得更短、频次更高。在整个线上市场对线下市场造成巨大冲击的同时，整个经商环境也发生了重大变化。

在这些变化的催生下，国内市场开始为 DTC 的发展提供越来越肥沃的土壤和环境。从这个层面上讲，2020 年称得上是中国DTC 发展的元年。这意味着，从 2020 年开始，很多企业完全可以避开传统电商的主赛道，选择用 DTC 的打法去创造中国未来的 DTC 品牌。

一个时代，会造就一批品牌；不同的时代，可以造就不同的品牌。比如，当年中央电视台的广告造就了鲁花、脑白金、农夫山泉等品牌；百度的兴起，造就了新东方等知名品牌；微信兴起时，则造就了瑞幸咖啡、喜茶等新消费品牌；而在今天，尤其是2020 年之后，造就的是越来越多的 DTC 品牌。这一规律在告诉我们，在做企业和做品牌时，一定要时刻感知时代的变化，始终搏击在时代的浪潮里，才有可能获得创业的成功。

作为一名创业者，我经历过失败，深知创业与经营的不易。网络上有句话说得很好："因为自己淋过雨，所以想要为别人撑把伞。"第三次创业创办知家，最初的发心其实就是为了能够帮助一些企业少走弯路，让更多的企业可以在这个时代得到长远的发展。

在这个过程中，我们利用自己研究的直面消费者的理论和方法，成功地陪伴很多企业走过了从 0 到 1，从 1 到 N 的发展阶段。在成就他人的过程中，我个人以及整个知家团队也收获了强烈的满足感和自豪感。

同时，我也是比较幸运的，刚好跨越了品牌营销新旧交替的两个时代，既见证了老一代品牌从 0 到 1 的玩法，也见证了新兴品牌从 0 到 1 的起步和发展壮大。多年的积淀，让我对于品牌未来的发展，产生了一些独特的见解和感受，希望可以跟大家分享。于是，我决定创作这本书，尝试用文字的方式，把 DTC 一次性讲清楚，讲透彻，同时将一些直面消费者的成功经验和方法传递给更多的人。

本书主要分为三个部分，第一部分是对认知的重塑与改变。我们从需求端、供给端、媒体端对当下市场环境的变化进行了简单的描述，并分析了这些变化所催生的企业经营者在思维、策略、战略层面的焦虑，阐明了直面消费者是解决问题的根本。同时，为了让大家能够深入地了解 DTC 的概念，我们对其发展的轨迹进行了细致的刻画，并对其关键的特征进行了拆解和分析。

本书第二部分是对方法体系的阐述和论证。我们从知家实践得来的 DTC 品牌双环增长模型入手，对极致单品、超级用户、品类王者的 DTC 品牌创新方法论，以及关键渠道、饱和内容、超级运营的 DTC 品效销核心手段进行了详细的阐述。在讲解理论和方法的过程中，我们还加入了很多外部洞察和亲身实践的企业案例，以便大家可以在场景化的内容中，得到更全面的理解。

讲完了客观现状和解决方法，第三部分自然要透过现象洞察本质与趋势。通过对 DTC 理论和发展的分析，我们总结了一些将成为 DTC 品牌持续增长的关键要点，可以在一定程度上为企业的未来规划提供一些方向性的指导，帮助企业找到一条解决品牌营销困顿的通路。

在这本书中，凝练了很多知识和方法，这些知识和方法是多个时代的汇集，适用范围非常广泛。其中既有知家陪伴蒙牛、五菱、荣威、泸州老窖、特步等一些老品牌走过的创新营销之路，也有陪伴猫王收音机、小仙炖、王小卤等创新品牌的诞生、发展之路。可以毫不夸张地说，在营销的世界里，知家是一个优秀的"双栖动物"，既能帮助传统品牌焕发新的生机，也能完全陪伴新兴品牌的成长发展。所以，这本书的适用性和指导意义都是非同凡响的。

中国的很多 DTC 品牌，在早期做营销的时候遵循的都是花钱逻辑。什么是花钱逻辑？就是创立一个品牌，要花很多钱，要做很多事。但这种思维是错误的，在这种错误的思维之下，往往无法取得好的结果。而本书中讲述的营销逻辑与现在的营销逻辑最大的区别在于，我们倡导的是企业要将"以消费者为中心"作为原点，然后重新思考营销要做的事情。

但是，在 Web3.0 时代已经到来的今天，越来越多的人都不再重视消费者，反而热衷于谈论虚拟现实（VR 技术）、人工智能以及去中心化。的确，Web3.0 的变化将使互联网变得更加智能，另外 Web3.0 也具有众多优势，其中很关键的一条就是为网络带来隐私保护和反垄断，而隐私和安全也正是 Web2.0 时代一直被诟病的存在。

但是，无论在需要借助第三方平台才能进行内容创造与交互的 Web2.0 时代，还是在无须依赖"中介"就可以实现人与人之间的点对点交互，即万物互联的 Web3.0 时代，"以消费者为中心"都将是商业社会不可替代的底层逻辑。

在三次创业、陪伴近 2000 家企业成长发展的过程中，我最大的感受就是，很多企业虽然都说自己是在"以消费者为中心"，但多半只是将其当成一句口号，实际做营销的时候却完全变了形。

现在很多营销书，大多只会教大家一些心法、计谋，但本书完全是以消费者为中心去进行概念与行动的深入拆解。你可以什么都没有，但你只要拥有一个用户，就有成功创业的可能。因为当你拥有了一个用户，就可以围绕这个用户去打造产品，然后去做单点突破和复制。那么一个用户就会变成一百个、一千个、一万个用户甚至更多，最终助力你创业成功。这就是从零到亿的底层逻辑。

《从零到亿》还有一个非常重要的信息传递，那就是从一个创业创新的想法开始到完成 1 亿元的销售收入需要多长时间，落后的企业可能需要几年，先进的企业可能只需要几个月，这个从零到亿的时间差，就是企业的核心竞争力，体现了企业对营销的最高认知。因此，我希望大家在看完本书之后，可以少走弯路，缩短这个从想象到实现的时间。

知家一直秉承着一个理念"小就是大"（small is big），即以小博大，花最小额的钱、用最少的时间和最短的创业路径，帮助企业实现最大化的成功。我希望，《从零到亿》能够让大家找回创业的初心，回归品牌的初心——你真正服务的是你的用户。

只有跟你的用户在一起，才有赢的可能性。

目录

1 营销的真谛是无限接近用户

2 DTC，"以消费者为中心"思维的实操手段

3

双环增长模型，从 0 到 1 快速打造 DTC 品牌

4

实现短期成功，为打造长期竞争力奠定基础

5

关键渠道：新零售 DTC 品牌的制胜之道

6

饱和内容：用差异化内容实现有效种草

7

超级运营：从产品到品牌的进阶之路

HUNDRED MILLION

从
零
到
亿

1

营销的真谛
是无限接近用户

在新能源汽车品牌之间的竞争日益激烈的情况下，五菱汽车却飞速发展，实现了行业领先，其成功的关键就是无限地接近用户。

五菱汽车通过洞察年轻人群的真实需求，不断开辟细分品类，从产品逻辑上实现突破，在满足下沉市场代步刚需的同时，更是满足了年轻人对出行的个性化需求。其推出的五菱宏光 MINIEV 单品车型，成了年轻人眼中时尚的"大玩具"。在宏光 MINIEV 上市后，五菱汽车通过潮创盛典改装车展、KOL 达人共创、百家品牌联创、社交媒体矩阵内容传播等品牌营销动作，与改装车主、新老用户一起打造改装文化社区，激活了年轻人的参与感。通过这一极致单品，五菱汽车打造了首个汽车行业现象级 DTC 品牌，带动了整个纯电汽车市场，获得 2021 年中国新能源单一车型销量第一的不俗业绩。

今天的消费品企业面临的是一个正在发生巨大变化的商业时代。这些变化改变了原本的行业规则和经营打法，作为市场的一分子，品牌需要去适应新时代的新打法和新规则。

新零售时代快速崛起的
新消费品牌

2021 ~ 2022 年，虽然疫情依然存在，但很多传统行业因为新业态的融入而焕发活力，比如新消费品牌的快速崛起。

第一财经商业数据中心的报告显示，仅 2021 年 5 月，除去未披露金额的 11 个投融资项目，新消费领域共完成 76 轮融资，其中有 29 个品牌融资超过亿元。天猫公布的"天猫 6·18 榜单"中的数据显示，459 个新品牌摘下了各自所在细分行业的销售冠军荣誉，而在 2020 年"双 11 活动"期间，仅有 360 个新品牌脱颖而出。这些数据都在表明，新消费品牌正在以惊人的速度崛起。

过去，很多消费品牌苦心孤诣、兢兢业业，在宣传广告上投入大

营销的真谛是无限接近用户

量的人才、物力，往往要耗费几年、十几年甚至几十年的努力，才能得到消费者的广泛认可，变成家喻户晓的品牌。但进入新的商业时代后，很多传统消费品牌逐渐淡出大众视野，取而代之的是很多刚刚成立不久，只用了三四年，甚至一两年就成为上亿元体量级别的新消费品牌。

过去，如果让你创办一家公司或创立一个品牌，你觉得需要多长的时间？我相信你的答案可能是 10 年、5 年或 3 年。但现在，我想更多人的答案也许是 1 年、3 个月甚至 30 天。为什么这个时间差异这么大，是什么加速了大量新消费品牌的崛起？这个问题可以从需求端、媒体环境和供给端 3 个维度去分析，我认为，新消费品牌崛起的主要原因如图 1-1 所示。

图 1-1　新消费品牌崛起的主要原因

需求端的变化

在市场经济格局下出现某种业态蓬勃发展的现象，最直接的影响因素必然是需求端的变化。或者说，是因为消费者的需求出现了变化，新消费品牌才有了发展的契机和基础。目前，消费者的需求演变，正在向细化和升级两个方向不断推进。

消费者自我意识觉醒

由于消费群体的年龄、地域、职业、收入甚至产生购买欲望时的生活场景等因素存在较大的差异，消费需求呈现多样性分层的特征。

凯度中国在 2020 年发布的《 后疫情时代的第一个消费狂欢 》调查报告中也提出，根据消费者基础属性的不同，可以将国内消费者细分成八大消费人群：小镇青年、都市 GenZ[①]、都市白领、精致妈妈、都市中产[②]、都市蓝领[③]、都市银发和小镇中老年。每个细分消费人群拥有自己特定的消费场景。即便面对同一类型的商

---

① Z 世代，泛指 1995 ~ 2009 年出生的人群。

② 此处指都市中的中等收入人群。

③ 此处指在都市中从事基础技术类工作的人群。

营销的真谛是无限接近用户

品，不同消费者的主要需求也存在较大差异。

比如同样是服装，小镇青年、都市 GenZ 追求的是个性化和新潮流，而都市白领、精致妈妈、都市中产更加看重品牌和风格，至于都市蓝领、都市银发和小镇中老年，质量和性价比往往是第一考量因素。

因为消费人群的不断细分而出现的各种细化需求，催生了很多针对某种特定人群的新消费品牌。当然，消费者需求的细化不仅仅是到这个程度。随着个人消费观念、自我意识的觉醒，同一种类型的消费者，对于同款产品的需求也在不断细化。

还是以服装类产品为例，小镇青年、都市 GenZ 中的一部分人群，对中华传统服饰产生了浓厚的兴趣。其中，汉服的受欢迎程度一直居高不下，很多年轻人甚至会把汉服作为日常的服装和活动的礼服。汉服品牌"十三余"就是看到了这种年轻消费者的新兴需求，在 2016 年汉服还是一种小众需求的阶段，就快速进入市场。而随着汉服的逐渐风靡，"十三余"也从没有多少人知道的"小透明"，逐渐成长为汉服细分品类中的佼佼者。根据淘宝和天猫发布的品牌销售数据，2020 年，"十三余"在两个平台上的销量已经是汉服品牌中的第一名。

资本市场也意识到汉服作为一种潮流，未来拥有巨大的发展潜力，而"十三余"也率先获益。2021年4月，"十三余"得到由正心谷和B站联合领投，泡泡玛特跟投的上亿元A轮融资，未来可期。

消费者的千人千面，在新零售时代得到了进一步体现。个人性格、心理诉求、生活价值观方面的差异，会让消费者的需求变得越来越多样化。这也是很多新消费品牌能够另辟蹊径，通过细分领域成功打入市场的关键原因。

消费者需求的升级

消费者需求在细化的同时也在不断升级。当绝大多数产品能够满足消费者物质层面的基础需求时，人们对商品价值的衡量，早已不再局限于其本身满足基础需求的属性，而是开始注重产品或服务承载的价值主张、人格标签等精神属性。

以"精致妈妈"这个消费群体为例，"复星"联合第一财经商业数据中心发布的《精致妈妈的生活"三重奏"——2021精致妈妈生活及消费趋势洞察》报告中的数据显示，在生活态度方面，76%的精致妈妈选择了"努力活成自己喜欢的样子，给孩子做个好榜样"。事实也确实如此，在家庭消费方面，精致妈妈群体19%的支出会花在自己身上，为了美丽、健康、精彩的"悦己消费"，其开销主要集中在美容护肤、精美服饰、医疗美容、健康饮食、健身、娱乐休闲等方面。同时，精致妈妈们的投入也分布广泛。

其实不仅仅是"精致妈妈"这个群体，都市 GenZ 的消费需求也在不断升级。作为最具消费前景、伴随互联网一同长大的都市GenZ，从小就有丰富的物质基础，拥有和上一代人截然不同的消费观念。一方面，他们更加追求个性化、多样化的高品质消费体验；另一方面，他们拥有强烈的社会责任感与消费自信，愿意为了自己喜欢的东西、文化、责任感而买单，愿意为了满足自己的社交需求、精神陪伴、价值认同而消费。这样的消费升级在都市GenZ 眼中更是一种自我投资。

如果对所有不同类型的消费人群进行分析，你会发现不同人群消费升级的表现形式各有千秋，但核心依然是基于马斯洛需求层次理论的演进。

由于生产力水平、收入水平的普遍提高，消费者在生理和安全层面的需求已然得到了满足；与此同时，人们在社交、尊重、实现自我价值方面的需求，开始水涨船高。

从零到亿

为了满足社交需求，消费者产生了"悦己消费"方面的升级，比如各类健康产品、付费知识、旅游娱乐服务等；为了满足尊重的需求，消费者产生的围绕"民族自豪感"主体的消费升级，比如众多新兴的国潮品牌；而为了满足实现自我价值的需求，消费者开始追求在消费中体现自己的爱国情怀和社会责任感。2021 年，鸿星尔克因为受灾地区捐款善举而得到消费者青睐，就是其中最好的案例。

不断升级的需求，不仅造就了很多全新的消费热点，也为很多基于新的消费热点而出现的新消费品牌提供了良好的发展机遇。

媒体环境的变化

在移动互联网时代，消费者获取商品信息的渠道变得极其广泛，过去主要作为营销渠道的媒体资源，反而变得不再那么重要。消费者出于自身社交的需求，对于社交媒体的使用频率逐渐增高。媒体环境的变化，也是新消费品牌能够快速崛起的利好因素之一。由于社交媒体、工具的多样化，社交媒体不再仅仅只是消费者在线上表达自身需求的平台，也成了消费者直接与有相同需求的人进行交流的日常社交途径。

社交媒体作为一种品牌与用户之间的媒介，不仅拉近了品牌与消费者的空间距离，更让用户对需要的产品和服务触手可及。这种"面对面"的社交模式，可以帮助品牌重构与消费者之间的信任关系。而这种趋势意味着，品牌可以基于线上社交形态找到与之匹配的销售方式，从而影响消费者的购买决策。总之，不论品牌营销行为还是消费者对品牌的评估方式，都因为社交媒体发生了根本性改变。

多样化的社交媒体，带来了丰富的消费场景

进入移动互联网时代以来，消费者使用的社交媒体类型正在不断多样化。不同人群甚至是单独的个体，会根据自身社交需求、内容消费喜好、线上购物习惯等因素，选择自己偏好的几种社交媒体。

> 比如，"微信"凭借熟人聊天的强关系链，成为亲朋好友的社交连接器；"微博"作为广场式话题的策源地和发酵平台，成为热点话题的风向标；"知乎"发挥其问答社区的优势，成为用户解答心中疑惑的场所；"小红书"作为年轻人分享生活方式的社区，成为大多消费者查询产品好坏、进行购物决策不可或缺的环节；"抖音"激发了年轻人对美好生活的向往，成为品牌新流量与商业化的平台。

不同社交媒体带给消费者的价值点不同，而消费者的需求又是多样化的，所以人们才会愿意通过多个社交媒体发布或获取内容。不同的社交媒体，意味着不同的内容呈现方式，如视频、直播或图文形式。而这些对企业来说都象征着差异化的用户连接渠道和营销场景。

比如在主打圈层社交、中长视频场景的 B 站上，品牌可以借助 B 站与 UP 主[①] 对年轻人群的影响力，在内容中巧妙植入品牌信息、塑造年轻化品牌形象的同时进行社交活动，通过更完整、更深度的内容营销，快速拉近品牌与用户之间的距离。

聚焦沉浸式阅读场景的番茄小说、咪咕阅读等平台，能够满足用户碎片化时间的阅读体验。利用这些平台，品牌可以在轻松愉悦的闲暇时段、友好的营销信息植入环境中，潜移默化地影响用户，加深用户的记忆点，增强用户的认同感。

在图文资讯场景中，微信、今日头条等平台，能够持续输出优质、年轻化的内容，加上推荐、搜索、订阅、榜

①　即上传者，网络流行词，是指在视频网站、论坛、ftp 站点上传视频、音频文件的人。

011

营销的真谛是无限接近用户

单等多样化的分发形式，可以实现对用户的高效传播。借助这些平台，品牌就可以通过"图文＋短视频"内容打通直播电商，获得更丰富的营销机会。

社交媒体的多样化，让消费者复杂的需求和喜好得到了个性化满足，同时，也为企业连接消费者提供了不同的渠道，创造了更多的营销场景。

圈层化社交，帮助企业高效连接用户

需求在成为需求之前，更多的时候是以个人喜好的形式存在的。而现在的年轻人，普遍都喜欢在社交媒体上分享自己的喜好，这就给"同好"的人聚集在一起，组成社交圈子提供了机会。在同一个圈层中，消费者对这些与自己拥有相同爱好、相同目标、相同特征的人，往往更加信任。在这种情况下，企业切入圈层社交，通过社交传播形成的口碑与用户建立信任关系，更易形成具有指数级的传播力、可信力，从而在企业与用户之间筑起多维度信任屏障。

平台载体多元化，助力品牌无缝连接

虽然现阶段大多数社交媒体通过移动终端为用户提供服务，但同时也在逐渐完善电脑端和大屏端的功能，以期提供更加完善的服务。最直观的案例就是"微信"，从 2019 年开始，微信就在逐步完善电脑端应用的功能，现在微信电脑端已经支持打开小程序、视频号、朋友圈，具备和移动端几乎相同的功能。

平台载体的多元化，令品牌可以更加全方位地连接用户，并有效延长用户接触品牌营销内容的时长。比如，很多 OTT[①] 产品，通过融入用户家庭、客厅等场景将电视作为一种新型品牌广告的种草[②] 载体。它们在为用户提供优质观看体验时，将品牌信息传递给用户，同时进一步强化电商能力建设，在大屏上分发直播电商内容以及推出电商商城，延伸信息和服务边界，让品牌在多屏联动中打开新的经营空间。

供给端的变化

过去的消费品牌，市场洞察和决策都是老板一人说了算，不仅反应慢，还经常会出现判断失误。即便准确判断了市场的变化，生

---

① OTT 是 over the top 的缩写，源于篮球等体育运动，现指通过互联网向用户提供各种应用服务。
② 种草，网络流行语，本义即播种草种子或栽植草这种植物的幼苗，后指专门给别人推荐好货以吸引他人购买的行为。

营销的真谛是无限接近用户

产线的调整也很难快速完成。等到产品生产出来，企业还要大面积地铺货、宣传。这一系列动作完成后，消费热点可能已经过去，这就是过去很多消费品牌总是抓不住市场发展机遇的重要原因之一。

现在，在"以消费者为中心"的思维模式影响下，企业可以通过互联网技术深度洞察消费者行为、消费观与需求，获得数据反馈，持续快速迭代供应链。同时，企业还可以通过更先进的技术，改进消费者体验，从系统角度与消费者持续互动，获取产品和服务迭代的指导性意见，为消费者提供更好的体验。而消费者体验的持续积累，最终会上升到情感层面，情感联结会形成品牌忠诚度，情感体验升华能促进口碑传播，进一步推广和提升品牌的影响力，这也是数字化时代企业最重要的竞争力之一。

星巴克在 App 上设计了一个闹钟功能和一套互动机制。每天闹钟响起后，如果用户按下"起床"键，就可以获得一颗星的记录。凭借这个记录，如果用户可以在一小时内赶到附近的星巴克门店，就可以获得一杯优惠价的咖啡。当然，品牌也鼓励用户将自己起床成功并获得优惠价咖啡的记录发布在社交媒体上与朋友分享。

不仅如此，星巴克还推出了专门收集用户意见和建议的

从零到亿

线上渠道。仅仅 5 年的时间，星巴克就从网站上收集了 15 万条意见和建议，其中 277 条被采纳。这些被采纳的意见，成为提升用户体验的有效选项。

没有人比消费者自己更了解自己。过去，企业缺少必要的技术手段，去如此靠近消费者，聆听他们的声音。社交媒体的快速发展，为企业近距离接触消费者并深入了解他们提供了条件。

总而言之，对新消费品牌来说，需求端的变化是机遇，媒体环境的变化是利好条件，供给端的变化是保障，三者共同作用，才促成了很多新消费品牌的快速崛起。

营销的真谛是无限接近用户

新零售时代消费品企业发展与
变革面临的问题

虽然很多新消费品牌乘着时代的东风快速成长起来，但更多的消费品企业，面对机遇感受到的除了喜悦，还有在发展与变革过程中面对诸多问题的焦虑。具体来说，消费品企业面临的问题可以分为三种：第一，营销方式演变引发的问题，即从"货—店—人"到"人—货—场"导致以往的营销策略已经不再适用的思维层面的问题；第二，竞争对手变化引发的问题，即从"一致商业模式的企业竞争"到"不同商业模式的竞争"的策略层面的问题；第三，企业内部亟须改革、转型引发的问题，即在新商业模式竞争中取胜的战略层面的问题。

思维层面：营销方式演变，如何适应新环境

品牌营销方式发展的历程大致可以分为以下 3 个阶段，如图 1-2 所示。

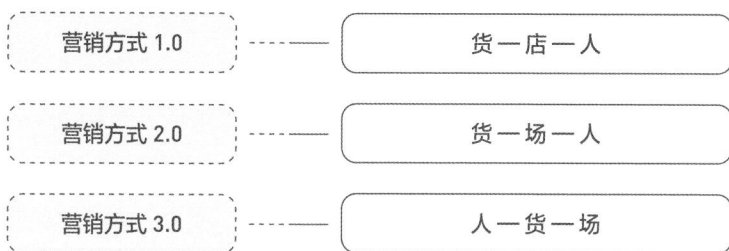

营销方式 1.0	----	货—店—人
营销方式 2.0	----	货—场—人
营销方式 3.0	----	人—货—场

图 1-2　品牌营销方式发展的历程

营销方式 1.0

工业化时代，营销方式是以产品为核心，是卖方主导市场，即"我有什么你买什么"。这种"生产—销售—购买"的模式可以总结为"货—店—人"。

营销方式 2.0

由于个人电脑及互联网的普及，企业不仅可以在线下布局售卖的

营销的真谛是无限接近用户

窗口，也可以在线上打造卖货的端口。同时，买方的主动权明显提高，用户的意见和体验开始影响其他消费者，导致企业投放的广告效果不再明显。所以企业开始关注消费者，开始增加了线上的消费场景，进行情感营销与体验营销。

在营销方式 2.0 时代，第一阶段的"店"发展升级为线上线下兼具的"销售窗口"——场。从线下渠道到电商，商品和消费者都聚集在同一个"场"中完成交易，使企业拥有了更多连接消费者并实现成交的机会。这种模式可以总结为"货—场—人"，它存在以下问题：受价格驱动压缩利润、整体交易增速受空间限制以及无法沉淀数据资产等。

营销方式 3.0

以上两个阶段都是以"货"为核心，围绕"场"进行布局，"人"到"场"中去买"货"，企业提供相关服务。在营销方式 3.0 阶段，由于社交媒体与移动终端基础建设成熟，并成为消费者生活中的必不可少的消费场景，各零售行业产品同质化的问题逐渐凸显，企业纷纷寻找产品价值差异点以提升竞争力。在这种大环境下，企业与消费者沟通的需求得到了进一步激发。许多企业开始探求"人际链"的课题，即如何与消费者进行更积极的互动，通过与消费者协作、沟通、互动等方式，建立消费者与品牌的密切关系。同时，借助消费者的真实痛点、需求、反馈等数据，对目标消费者进行客观洞察，通过产品价值迭代带来的第二曲线增长，实现品牌竞争力的提升。在这个阶段，"人"开始主导"货"。

相对于营销方式 2.0 阶段，营销方式 3.0 阶段企业的线上渠道不再局限于传统电商平台，社交电商、直播电商、垂直电商等作为电商新物种，也得到了广泛的应用。借助这些全新的电商平台，一方面，企业可以利用多种内容营销形式，化被动为主动，直连消费者实现高效沟通，吸引消费者到场消费。因此很多企业不仅拥有一个电商渠道，更多的是打造一套多元化电商矩阵，通过不同的消费场景匹配不同产品，借助数据运营，实现有效的销售增长。

另一方面，企业将线上多元化电商矩阵的消费者数据与线下门店消费者数据相互打通，实现了线上营销数据可追踪，到店成本可量化。在数据化的基础上，企业往往更关注用户全生命周期价值、长效投资利润率等与企业长期经营相关的指标。在营销策略上，企业也更加追求全域消费者的精细化运营，线上、线下销量一体化增长。

总的来说，新零售时代，企业的品牌营销活动是以消费者为中心

营销的真谛是无限接近用户

的"人—货—场",以"人"为中心,"货"和"场"都围绕"人"进行调整和布局。这一阶段更加强调消费者的购物体验,也更加重视消费者的价值。

但是,很多消费品牌如今依然停留在互联网经济的"上半场",习惯于利用互联网的流量红利,将业务扩展到线上渠道。在这些企业的商业模式和底层逻辑中,并没有"以消费者为中心"的核心思维,更没有挖掘和利用客户数据的习惯。这与现在营销发展的趋势是背道而驰的。

2022 年 7 月 28 日,每日优鲜的 30 分钟极速达业务宣布关停,其核心业务"前置仓模式"也同时停止运转。

作为一家从 2014 年成立就一直被资本市场看好,前后获得了 13 轮超过百亿元融资的企业,每日优鲜的失败引发了很多思考。"前置仓模式"居高不下的建设和运营成本、始终未能打通的盈利模式以及资金链的断裂等,都是导致每日优鲜失败的重要原因。除此之外,还有非常关键的一点,那就是每日优鲜对于用户体验的忽视。

其实早期的每日优鲜能够得到大量用户的青睐,根本原因在于他们能够为用户提供完善且便捷的生鲜配送服务。当时的每日优鲜不仅能够在 30 分钟内将产品送到用户门口，甚至还会在超时的时候，给用户送上一朵鲜花表示歉意。但随着盈利压力的不断加大，每日优鲜放弃了对用户体验的关注。2020 年，每日优鲜用户体验部门的负责人离职，企业管理者把主要的经营目标放在了盈利上，为此下架了很多平台上用户需求量大但毛利率低的产品。原本蔬菜在上架前，每日优鲜的员工会对产品进行"精修"，去除磕碰、损伤的部分。但后续为了控制成本，这个步骤也被省略了。长此以往，用户的体验越来越差。每日优鲜的成本是下降了，但收益并未得到提升。

作为一家为用户提供服务的企业，后期的每日优鲜对用户需求理解存在很多偏差，忽略了除送货上门之外的（诸如性价比、产品质量等）其他用户需求。这种理解的偏差，最终也导致了它被用户抛弃。

随着流量红利触底，面对获客成本不断提升，客户资源流失快、转化难的问题日渐凸显，消费品企业自然会产生对经营底层思维的焦虑。

营销的真谛是无限接近用户

策略层面：新消费品牌降维打击，如何竞争取胜

"所有的行业都值得用互联网思维重做一遍"，这句话很早就开始流行，直到现在依然有很多企业在践行。消费品行业很多后起之秀的品牌，都是在这种互联网思维的指导下崛起的。

新消费品牌快速崛起的背后，其实是原来的互联网人变成了品牌创始人。他们具备的流量思维，帮助企业实现了产品、品牌、营销、商业模式等维度的创新，满足了当下消费者日益细化和升级的需求，从而给品牌带来了传统消费品企业所不具备的核心竞争力。

消费品企业在互联网思维的引导下崛起，最典型的案例莫过于瑞幸咖啡。

瑞幸咖啡的商业模式，实际上是把传统的咖啡店和互联网思维有机结合起来的产物。瑞幸咖啡把交易的场景拉到线上，用户通过线上平台获取商品，企业也通过线上渠道的营销活动去赢得客户。线下的即时配送和门店自取，实际上打通了两个渠道之间的壁垒，也更加贴合当下消费者的习惯。同时，瑞幸咖啡开展的大规模补贴实现了线上的有效获客，快速建立了市场认知。

其实，如果从互联网人的角度去理解瑞幸咖啡的商业模式，会发现其中很多设计都是互联网公司的常用手段。但这对传统消费品企业来说，却是一种全新的营销策略。更重要的是，和瑞幸咖啡一样，凭借互联网思维打造出来的新消费品牌还有很多。

在如今的市场上，打败我们的往往不是同一赛道的传统竞争者，而是来自意想不到的新商业模式的降维打击。面对不断加大的竞争压力和难以取胜的现实，消费品企业自然也会感受到市场发展策略方面的焦虑。

战略层面：改革及转型迫在眉睫，如何规划战略

新消费品牌后来居上，抢占传统消费品企业的客户与市场份额，这对传统消费品企业来说也是一个提醒，提醒企业应该尽快调整自己的营销模式，实现进一步的变革和转型，去迎合新的市场潮流。

虽然现在很多消费品企业已经意识到变革和转型的关键时期已经到来，但如何变革、转型，从哪个环节入手，又该向着什么方向进发，这些关键问题都还没有找到答案。当然，有一部分企业信奉"实践出真知"的道理，虽然没有具体的想法，但已经在尝试

着融合一些新的经营理念和管理方法，进行一些系统的调整和重塑。一番尝试下来，始终是错多对少。没有目的的盲目探索，无异于盲人摸象，难窥全貌。而且企业内部根深蒂固的传统消费品牌的思维、原有组织惯性及传统销售渠道限制等，也都在制约着企业的变革与转型。

虽然很多传统消费品企业对向 DTC 转型已达成共识，但每个环节都有新问题，甚至有些传统消费品企业还没有做好准备，企业新营销变革还要从零做起。在时代变化的转折期，大家都在不断探索和实践，这必定是个艰难的过程。而在这种复杂的局面下，变革、转型战略如何设计、如何展开，也必然引发消费品企业的创新战略焦虑。

从零到亿

DTC 是解决问题
的根本途径

传统消费品企业在经营思维、竞争策略、转型战略等方面的焦虑，归根结底是被新消费品牌抢占了用户资源和市场份额，而自身又发展乏力，又不知道该如何解决问题的矛盾心理。尤其是在 2020 ～ 2022 年这段时间，传统消费品企业面临原有市场份额下降与新消费品牌崛起带来的双重挑战，更急迫地想要找到破局的方法。

在这样复杂的商业环境中，企业应该如何解决问题？笔者认为还是要回归生意的本质。在生意里，只有"人"是确定的，企业需要站在消费者的立场去思考，让"直面消费者"思维内化，并围绕消费者制定有效的解决方案，如图 1-3 所示。

营销的真谛是无限接近用户

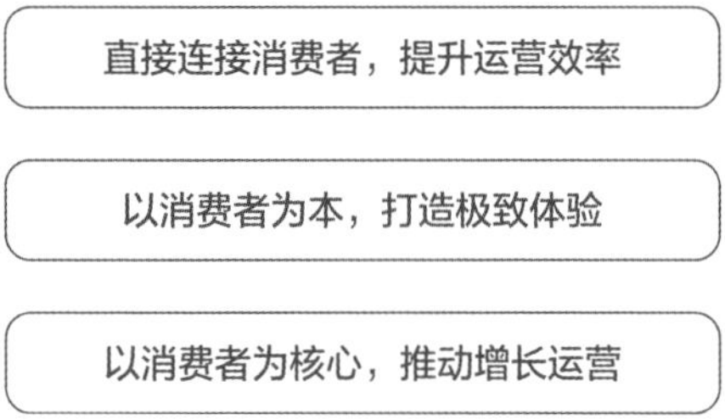

图 1-3　解决消费品企业发展困境的方法

直接连接消费者，提升运营效率

直接连接消费者的营销，简单来说就是在数据技术的驱动下，企业通过线上渠道与消费者建立社交直连通道，吸引消费者，从而使企业能够自主获取流量，并将流量转化为"留量"的粉丝沉淀，甚至进一步转化为完全"私有化"的企业用户资产。在这种用户运营模式下，企业一方面可以有效地吸引目标用户，提升用户的黏性与忠诚度；另一方面还可以持续连接用户，高效收集反馈。

目标用户唤醒，提升用户的黏性与忠诚度

直接连接消费者的用户运营模式，可以让企业快速、低成本、

多频地培养与消费者之间的信任关系，并通过数据技术实现直接一对一的关系管理和有效沟通。

三顿半作为咖啡品牌中的独角兽之一，在用户运营方面有其过人之处——通过用户的力量赋予产品社交属性，塑造生活方式型品牌。品牌自己的力量永远有限，只有获得消费者的加持，才能激发品牌的无限可能。

在渠道的选择上，三顿半不仅在传统的电商渠道，比如天猫、京东等平台上布局了旗舰店，还在微信、微博、小红书、抖音等更加接近消费者的社交媒体上，进行了不同维度的深入布局。三顿半在微信平台上的用户运营策略，已经渗透到微信生态的每一个角落，公众号、小程序、企业微信、社群、视频号等共同形成了以品牌为核心的用户圈层生态，并与线下渠道协同，为消费者打造"线上线下融合"的立体化品牌体验。

比如，之前三顿半推出的咖啡空罐回收计划，号召用户把使用过的咖啡空罐，在指定开放日带到线下指定回收点兑换品牌周边产品。这个计划不仅为了保护环境、节约资源，还为了保持用户的良好体验感和不断唤醒用户，提升其对品牌的黏性与忠诚度。

作为被选择的一方，品牌无法改变做出选择的人的偏好，但品牌可以把自己做到最好，尽量让人看到。就像企业不能替客户决定哪些是最合适的信息获取渠道，但企业可以在所有能够低成本、更高效、高频次连接客户的渠道广泛布局，同时还留给客户自主选择的权利。

持续连接消费者，高效收集反馈

在用户运营过程中，企业通过短距离连接消费者形成"人际链"建立用户池的方式，可以让品牌免费、多次、精准地吸引消费者，在缩短消费者接受品牌信息时长的同时，快速获取消费者对品牌的全方位反馈，以精准的目光发现消费者痛点、快速响应，在高效经营消费者关系的同时实现可预测的转化。

国内某彩妆品牌，在经营过程中会通过自身的流量渠道，招募大量的产品体验官。品牌刚刚成立时，以微博为主要宣传阵地，所以产品体验官招募也通常在微博上进行。现在，该品牌的渠道已经遍布微信、微博、天猫等平台，现在的产品体验官往往是全渠道招募而来的。招募产品体验官，不仅能生成大量可信的产品使用内容，为品牌打造良好的口碑，也可以沉淀高质量的新用户。同时，品牌还会汲取用户的反馈，推进产品快速迭代。比如其爆款眉笔产品，就是在用户反馈的意见基础上，迭代到 7.0 版本，上市后得到了广泛的好评。

如果不是通过用户运营，那么这种高效而直接的反馈收集是很难实现的。如果没有这些精准而有效的反馈，那么企业的产品和服务就很难满足客户日益变化的需求。

以消费者为本，打造极致体验

从某种程度上，DTC 意味着企业要以消费者为中心。企业获取消费者的反馈，了解客户的需求，其实是为了以消费者需求为参照去设计或升级迭代产品和服务。甚至，企业还会邀请消费者参与到产品与服务的创造过程。只有这样，企业才能为消费者提供极致的消费体验，才能在消费者心中树立良好的产品形象或品牌形象，提高其对品牌的黏性。

作为一家美国美妆公司，Glossier 被很多业内人士称为 DTC 品牌崛起的典范。在创业之初，Glossier 品牌创始人艾米丽·韦斯（Emily Weiss）就提出："公司将以数字领域为主，采用直接面向消费者的模式，强调与消费者的双向沟通，甚至让他们参与产品的设计。"为了实现与消费者的直接沟通，艾米丽·韦斯没有选择通过成熟的第三方平台销售自己的产品，而是选择建立属于自己的电商渠道。

拥有自己的独立渠道，不仅让 Glossier 摆脱了中间商，保证了充分掌握客户资源，同时还方便了收集用户意见。有了自己的电商渠道，用户意见收集成了一个非常简单的事情。有了大量的用户反馈信息作为基础，Glossier 的产品设计也更容易得到消费者的青睐。与此同时，艾米丽·韦斯创立的"Into the Gloss"美妆博客也成了一个独立的用户信息反馈收集渠道，Glossier 的营销团队也会不断地收集来自相关社交平台、电子邮件等很多渠道的用户评价，作为新产品设计的指导意见。甚至，艾米丽·韦斯还会定期从忠实用户群体中，选择一批人加入产品的试用与研发工作，他们的意见会直接影响产品的设计。因为有了这种"用户共创"形式的新品开发模式，Glossier 的新产品才能得到目标市场消费者的广泛认可。

当然，对企业来说，要想实现根据消费者需求持续开发优质新产品的目的，还需要一套软性的供应链系统，能够快速、灵活地匹配企业产品开发的需要，提供所需的产品和服务。所谓软性的供应链系统，首先要具备匹配消费品企业产品迭代速度的能力，能够根据企业的产品开发周期，快速更新相应的产品和服务；其次要具备足够的灵活性，可以根据企业销售和生产的具体情况，灵活调整产品和服务的供应。

> 早期，元气森林的产品供应主要依靠代工厂，企业提供配方，代工厂负责加工。但后期为了满足产品高速迭代的需要，元气森林组建了自己的工厂，专门负责迭代产品配方和最小存货量（stock keeping unit，SKU）。同时，元气森林在供应链中引入了更多不同类型的代工厂。这样，每种不同类型的产品配方研发出来之后，就可以根据产品的特点，选择合适的代工厂进行加工。甚至在必要的时候，元气森林还可以让几个代工厂同时加工，形成其自有的软性供应链体系。这样，元气森林不仅拥有了快速上新产品的能力，还可以根据实际的销售情况，实时地调整产能，控制成本。

说到底，只有足够软性的供应链系统，才能支撑软性的生产，也只有足够软性的生产，才能让企业灵活地根据用户的实际需求和痛点，持续迭代产品和服务。

以消费者为核心，推动增长运营

虽然现在绝大多数消费品企业，已经将售卖端口开到了线上，但消费者"失联"的状况并没有得到有效的缓解。无论传统线下的零售业、服务业还是互联网企业，都在寻找一种更低成本、更高效的获客方式。在 DTC 思维中，以消费者为核心的增长运营，恰好可以解决这个问题。

以消费者为核心的增长运营，就是通过数据技术将复杂、分散的数据打通和融合，有效连接并还原消费者碎片化行为轨迹，从而成功搭建品牌与消费者之间的直接亲密关系。在这种亲密关系的基础上，企业可以通过与消费者直接沟通，引爆圈层口碑，从而吸引更多的新用户；也可以利用老客户的社交裂变，吸引更多的新用户。当然，吸引新用户的目的始终都是创造更多的收益。在客户与企业的亲密关系基础上，企业也可以通过售后的用户运营带来持续的复购，在用户资源不变的情况下，为企业带来更多的收益。

品牌与消费者直接沟通，实现圈层口碑传播

社交媒体促进了用户对生活新需求的表达，成为企业洞察需求和进行营销活动的好场所。换个角度讲，消费品企业可以抓住消费者对情感互动的积极行为以及对新生活场景的向往，开拓多元的线上线下沟通方式，通过与消费者"交个朋友"的方式更快地树立品牌形象，并在直接沟通的过程中，引爆圈层口碑，吸引更多的消费者。

作为运动服饰品牌，露露乐蒙（lululemon）的营销方式并不像传统品牌一样，通过明星代言提升自身知名度，而是选择与很多 KOL 建立合作关系，利用 KOL 的社交影响力，和消费者建立长效而稳定的互动关系。露露乐蒙把这些 KOL 统称为"品牌大使"，其中 9 名瑜伽领域的知名大师被称为"瑜伽大使"，35 名明星运动员被称为"精英大使"，其余分布在各地超过 1500 名专业的瑜伽教师、健身教练被称为"门店大使"（截至 2021 年 10 月的数据）。

和这些"品牌大使"签约后，露露乐蒙会向他们提供免费或折扣优惠的服装，请他们进行瑜伽教学。这样做，一方面是为了在目标客群面前展示服装的穿着效

营销的真谛是无限接近用户

果；另一方面也是为了让"品牌大使"根据自己的体验，提出一些产品改进建议。有了"品牌大使"教练的展示，很多学生会对露露乐蒙的产品产生好奇。"品牌大使"的亲身体验，又能够说服他们快速地接受这种产品。

同时，露露乐蒙也在自己的门店中张贴这些"品牌大使"穿着自己服装产品的海报，借助 KOL 的社交圈子，吸引更多的消费者加入社群。

消费者总是更愿意相信和自己拥有共同喜好的其他消费者。企业可以通过与消费者的直接沟通，成为消费者的朋友，进而得到他们的信任，提升品牌在某个圈层内的美誉度。

裂变式老带新，实现用户量快速增长

企业能够拥有一批忠实粉丝，不仅可以通过稳定复购带来收益，更重要的是可以提升企业口碑，以及忠实客户社交裂变之后为企业带来大量的高质量新客户。

作为互联网思维经营车企的典型代表，蔚来从品牌成立之初就树立了注重用户运营的形象。2018 年，蔚来在第三季度财报电话会议上提到，一位来自温州的用户给品牌介绍了超过 10 位付定金的用户。2019 年 8 月，在蔚来 App 中，ID 为"以学为生"的青岛车主还使用自己的 LED 屏幕资源免费给蔚来进行宣传。甚至在 2019 年第三季度财报电话会议上，蔚来已经明确表示，45% 的新用户是由老用户推荐的。

在培养"愿意帮助品牌实现老带新"的忠实用户过程中，蔚来主要采取了两个措施。第一，保障车主用车出行的"售后体验及服务"，主打"安心、愉悦、无忧的驾车保障"以及"多场景新能源充电保障"的两大项售后权益，让品牌服务延伸至生活场景，满足多需求场景的解决方案，赢得车主对产品与品牌的信任与依赖。第二，从用户视角出发，打造品牌用户专属社区，通过服务与数字体验的加持，构建强情感体验的生活方式品牌，利用完备的用户激励机制，实现深化车主忠诚度的客户关系管理。

出于对产品、对品牌、对品牌车主群体的信任，再加上利益直接激励，老用户推荐新用户的积极性被充分地调动起来。

营销的真谛是无限接近用户

社交裂变是企业获得优质新客户的最优渠道，老客户推荐来的新客户，往往都会对企业的产品或服务有一定的需求。

售后用户运营，常态化复购增长

对消费品企业来说，吸引消费者并实现成功的销售，并不是营销的结束。企业还要将客户留下来，使其成为企业的忠实客户，成为品牌的粉丝。之所以这样做，原因很简单，就像笔者之前提到的，流量的获取越来越困难，获取流量的成本也越来越高。如果企业重复做"一锤子买卖"，一个客户只追求成交一次，那么只能通过不断地成交新客户保证业绩的增长。相对于不断地拉新，留住忠实客户，实现稳定复购才是今天的消费品企业所应该追求的。

企业的营销活动其实是一个循环往复的过程，从成交到留存，然后通过持续连接，实现复购，再次连接，再次促进复购。客户对于品牌的忠诚不会是永久的，但企业要在客户有限的使用周期内，最大限度地为客户创造价值，从而实现业绩增长和利润最大化。

总而言之，在这个不断变化的商业时代，DTC能够为企业带来更多的利润，更忠实的用户，以及更好的口碑。明确了这一点，消费品企业的营销方式如何演变，如何在与新消费品牌的竞争中占据优势，未来的转型又该走向何方这三个问题的答案跃然眼前。

当然，了解到 DTC 的重要性只是一个基础，更重要的是企业要掌握"直面消费者"的方法，也就是在接下来的内容中，笔者会重点讲解的 DTC。

营销的真谛是无限接近用户

0

HUNDRED MILLION

从
零
到
亿

DTC，"以消费者为中心"思维的实操手段

只有搞懂底层思维逻辑，并且找到合适的方法，做事才能成功。DTC 的本质是秉持"以消费者为中心"的思维，借助直面消费者的全渠道运营，为消费者提供极致体验，创造更多的业绩增量。打造直面消费者的全渠道运营是手段，提供极致体验才是企业的最终目的。企业管理者千万不要错把手段当目的，用错误的标准来评判自己的经营，否则就会误入歧途。

DTC 的发展史

DTC，我们可以将它理解为一种直接面向消费者的品牌运营模式，也有人非常形象地将它形容为"从消费者中来，到消费者中去"的商业经营模式。那么，DTC 到底从何而来？

海外 DTC 诞生：用户痛点清单掀起 DTC 品牌革新浪潮

在 DTC 出现前，零售行业还停留在巨头占据主导地位的状态。巨头企业拥有出色的策略和流程设计，掌握着资本、工厂以及大量劳动力资源，能够设计和制造高水平的产品，在市场竞争中占据领先优势。

巨头企业既是行业规则的制定者，也是享受品牌红利的利益既得者。在这样的市场背景下，创业者是不是很难有出头的机会？新品牌是否只能活在巨头的阴影之下？

其实不然，在我们研究了很多小品牌逆袭巨头的案例后发现，巨头企业也有劣势。比如追求标准化和规模化的结果，就是容易忽略很多消费者的实际痛点，这样非但不能满足消费者的需求，反而会造成诸多不便。

行业巨头标准化、规模化服务于大部分消费者的同时，也是初创品牌精准锁定目标用户的绝佳市场机遇。很多初代 DTC 品牌就是从锁定目标用户的痛点出发，然后凭借更贴近用户生活，更符合用户个性化需求的产品，从各个巨头手中抢占了部分市场份额的。

> 男士剃须刀品牌 Dollar Shave Club、染发剂品牌虚拟发型屋以及行李箱生活家品牌 Away，都是从传统品牌满足不了的用户痛点出发，成功立足于市场的 DTC 品牌。

> 男士剃须刀品牌 Dollar Shave Club 所处的品类中最大的巨头是吉列剃须刀，后者虽然占据极大的市场份额，但用户对它还是有很多不满，比如价格昂贵、购买不便

等。所以 Dollar Shave Club 一方面采用低价策略，另一方面为用户提供寄送服务，每月只需 1 美元，就有专人送货上门。凭借这种策略，Dollar Shave Club 迅速崛起，甚至改变了行业巨头吉列所制定的行业规则，最终从吉列手中抢占了大量市场份额。

同样，染发剂品牌虚拟发型屋在创立之初，也是发现了消费者对于传统染发服务的关键痛点，一方面是价格高昂，另一方面是需要到店才能享受服务，很不方便。所以，虚拟发型屋也是通过物美价廉的产品和上门配送的服务，在市场上争得了一席之地。

行李箱生活家品牌 Away 创立之初的用户痛点清单上写着体积大小不合理、笨重难移动、外壳容易损坏、行李箱内置夹层不合适等问题。发现这些用户关注的痛点后，Away 有针对性地研发了采用铝制外壳、可压缩结构的箱包产品，产品不仅更加坚固，而且大小可调整，能够适应用户的不同出行需求。凭借这种更符合用户个性化需求的定制化产品，Away 成功地打开了市场。

一个用户痛点就是一个商业机会。初代 DTC 品牌发现了消费者生活中未被发现的痛点，并带着解决方案迅速切入市场，在不给消费者制造额外负担的情况下，提供了比行业巨头更定制化的产品、更人性化的服务，成功地从巨头企业手中抢占了市场份额。

除此之外，我们不能忽略初代 DTC 品牌的崛起也有外部利好因素的推动。尤其是互联网经济的发展，让初代 DTC 品牌具备了低成本营销，快速与消费者建立联系，并提供优质配套服务的能力。这些都是初代 DTC 品牌，能够在与巨头企业的激烈竞争中成功打开市场的重要因素。

有一定经营经验的人应该都知道，打开市场并不意味着可以占据一定的市场份额。初代 DTC 品牌也面临同样的问题，虽然初创阶段可以凭借定制化的产品和互联网营销在短期内赢得市场，但要想将这种优势延续下去，必须更加了解消费者，并且想办法满足消费者日益变化的个性化需求。

目前，市场上已经出现了很多迎合消费者对于内衣尺码精细化需求的半码内衣品牌，其中很多能够在早期得到用户的青睐，但很快就会被其他同类型的品牌替代。三爱文胸为了避免这种问题，在推出半码内衣的同时，还设计了量体 App。消费者可以上传自己的身体数据在线试穿，试穿合适后再下单购买。这种模式一经推出就受到了广泛好评，也得到了很多免费的宣传机会，但后续

从零到亿

并没有给品牌带来有效的销售增长。

为此，三爱文胸进一步梳理了消费者的需求，发现消费者在购买文胸类产品时，依然更加信赖实际的试穿体验。于是三爱文胸决定放手一搏，推出让顾客"免费试穿30天"的营销活动，顾客满意后再付款。

为了提升营销的有效性，三爱文胸选择将社交网站作为主要宣传阵地。利用网站的精准营销推广功能，三爱文胸成功地和目标客户群建立了直接的联系。站在消费者的角度看，在浏览社交媒体时，突然发现一个"免费试穿30天"的广告，而试穿的产品恰好是自己需要的，自然会产生尝试的欲望。这种新的营销模式推出后，三爱的产品销量直线上涨，更重要的是试穿结束后选择付款的用户比例高达70%～75%。

凭借"先试后买"这种独特的营销设计，三爱文胸取得了很多同类型品牌没有做到的优秀业绩。截至2019年，三爱文胸的市值已经达到7.5亿美元，成为细分品类中的佼佼者。

通过上述讲解，相信大家已经发现，海外DTC品牌会选择社交媒体作为主要的宣传渠道，一方面是其自身资金积累不足，另一方面是为了借助社交媒体直接与消费者产生连接。与此同时，品牌也会把独立站（官网）作为直接向消费者销售、沉淀客户数据的主要阵地。

伴随着互联网技术的不断演进，海外 DTC 品牌已经拥有更加强大的数据分析能力，可以更加清晰且准确地洞察消费者痛点，了解消费者的喜好；然后通过有针对性的产品设计，用最小成本实现更好的营销与销售效果。由于海外 DTC 品牌都是基于互联网生态下诞生的企业，所以我们将其称为"互联网原生品牌"。

DTC 的本土化，未来将呈现更多丰富的形态

在分析了大量案例后，我们发现海外 DTC 品牌在通过社交媒体布局营销矩阵的同时，会在营销内容中加入品牌官网链接，让消费者能够从营销页面直接跳转到品牌自建官网，完成购买动作。这种经营模式实际上是基于海外消费者的习惯——在浏览器上直接搜索品牌名称和关键词，然后进入品牌官网下单购买。

相对而言，国内的消费者虽然也会从不同的社交媒体上接收营销信息，但最终的成交并不是跳转到品牌官网，更多的是发生在电

商平台上。为了迎合国内消费者的交易习惯，国内的 DTC 品牌通常将多个社交平台账号与电商平台账号作为品牌自有渠道，相互连接形成"品牌信号网"，以便全面覆盖不同交易习惯的消费者，与他们建立直接联系。

和传统速溶产品相比，三顿半主打的是"精品速溶咖啡"，不仅和常规产品一样方便，而且口味更加出色、多样。同时，三顿半的产品能够和冰水、牛奶等混合制作冷萃、拿铁等饮品，为咖啡爱好者创造了很多新口味、新玩法。

除了个性化的产品，三顿半在营销方面也没有像传统品牌一样大肆进行广告宣传，而是深入社交平台，通过产品测试的形式连接消费者，并根据用户的反馈找到产品迭代和用户运营的思路。通过一系列的运营，在小红书、抖音、B 站等社交媒体上，三顿半和用户一起共创了很多花式咖啡喝法。通过充分利用老用户的"表达欲"和"创作欲"，三顿半得到了很多新用户的关注，积累了人气。

有了足够的人气和不错的口碑作为基础，三顿半也及时布局了电商平台，为销量的飞速增长搭建了交易场所。

2020 年"618"期间，三顿半天猫销售额反超传统巨头雀巢、星巴克，拿下冲调大类销量第一的业绩。

除了社交媒体与电商平台联动的模式，为了给消费者提供极致的产品与服务体验，国内 DTC 品牌还针对不同平台的属性，设计了不同的场景，让"品""效"和"销"成功结合，打造了消费者"被种草"后直接"下单"的最短链路，这就是"品效销"快速转化的短链路。

比如"根植于中华传统文化的东方彩妆"品牌花西子，建立了以微博、小红书、抖音、B 站为代表的内容营销主阵地，成功通过定制化内容连接多元圈层用户。同时，在以抖音为代表的短视频直播电商平台上，花西子通过"明星阵容＋头部 KOL"为主的线上种草矩阵，实现了"营＋销"快速转化的短链路，成功开拓了电商平台以外的成交场景。

2020 年，花西子成交额突破 30 亿元，比 2019 年的 11.3 亿元增长了 165.5%，其中，各个社交媒体上的"品效销"快速转化的短链路功不可没。

当然，国内的 DTC 品牌能够在社交媒体上建立成交场景，是因为国内的很多社交媒体本身就具备一定的电商属性。比如微信端的小程序功能可以让用户不需要到门店，也不需要下载 App，打开微信即可选购下单；小红书、抖音、快手等平台也都开辟了"品效销"快速转化的短链路。

DTC 代表的是一种直面消费者的品牌运营模式，在实际的经营中，不同的 DTC 品牌往往会有其独特的直面消费者的方式。目前，国内的 DTC 品牌已经呈现多样化的发展态势。从整体的趋势看，DTC 的本土化还是一个"现在进行时"状态，随着市场环境的变化，未来 DTC 的本土化还会呈现更多丰富的形态。

不同的"手段"，趋同的思维核心

"消费者思维"，其实就是初代 DTC 品牌的原点。我们所说的 DTC 营销手段都是从这个原点延伸而来的。不同类型的消费者，在显性及隐性的需求与习惯方面存在很大差异，所以企业需要做持续的消费者洞察，从目标客户群的实际需要出发，打造差异化的产品及服务。

在实现 DTC 的路上，每个企业都有自己的具体方法。但无论方法怎样，企业追求的核心思想却是趋同的，那就是"以消费者为中心"。

当然，在企业内部建立"用户思维"并不是一件简单的事情。第一，在文化层面，品牌需要建立真正以用户为中心的企业文化，而不仅仅只是口号、标语。在以品牌为主体的活动，尤其是对外的活动中，要时刻注重用户体验。第二，在组织层面，品牌需要设置专门的用户运营部门，真正关注用户的实际数据，并做出专业性的分析和有针对性的个性化运营。第三，在服务层面，品牌需要建立完善的用户反馈机制。不仅为用户提供售前、售中、售后的相应服务，还要有效听取用户的声音，从用户反馈的信息中找到产品和服务升级的思路。第四，在员工教育方面，品牌要让员工深刻地意识到自己在客户旅程中承担什么任务，扮演什么角色，提供什么价值。第五，在考核激励方面，为了确保员工可以真正将用户作为工作的核心，考核指标的确立也应该和用户直接相关，比如用户净推荐值、用户满意度评价（非第三方商业合作）、超级用户占比等。

每个品牌都有自己的生命周期，从诞生开始就注定要走向死亡，企业能做的就是尽量延长这个周期，创造更多的价值，获取更多的收益。要维持品牌的活跃度，阶段性的转型就成了必然的选择。从当下看，向 DTC 转型已经成为很多品牌达成的共识。

总的来说，无论从 0 到 1 的初创品牌还是从 1 到 10 的快速发展品牌，又或是已经发展到 10 在寻求进一步突破的转型品牌，都可以借助 DTC 更加高效地实现目标。

DTC 品牌的特征

作为一种品牌商业模式，DTC 不仅是一种方法，更是对品牌的重塑和升级。要想掌握 DTC，我们首先要深入了解、明确 DTC 品牌的关键特征，如图 2-1 所示。

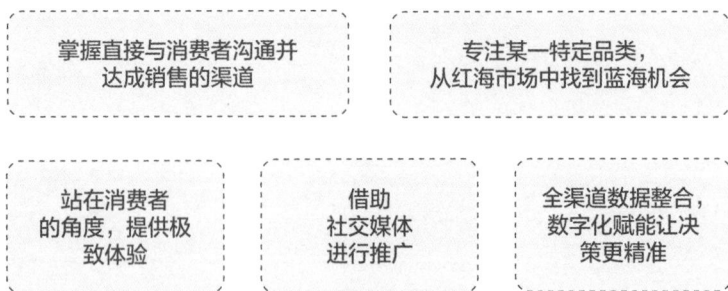

图 2-1　DTC 品牌的关键特征

掌控直接与消费者沟通并达成销售的渠道

DTC 强调的是"用户是品牌自己的"。品牌需要掌握能直接连接消费者的渠道，这样既可以直接与消费者沟通，也可以实现销售转化。

在 DTC 模式下，借助直面消费者的渠道，年轻的 DTC 品牌可以在线上布局连接点，实现沟通与销售。同时，针对线上渠道带来的用户数据沉淀，品牌可以高效、精准地分析用户的真实需求。然后，根据分析结果，品牌可以快速迭代或研发符合用户需求的产品和服务，真正实现"品牌直面消费者"。

但是"直面消费者的渠道"不仅仅只有线上，因为不同年龄段、不同品类、不同忠诚度的消费者，在消费习惯方面有着很大差异。比如年轻人喜欢从线上购买商品，中老年消费者则更倾向于线下体验后购买。考虑到消费者的多样化消费需求，DTC 品牌需要实现"线上线下全渠道融合"，以此帮助企业达到全方位连接消费者的目的。

换句话说，要想成为 DTC 品牌，主攻线上的新型消费品企业需要增加线下渠道的运营；传统消费品企业，则需要搭建线上"品效销"渠道。而且，新的渠道不仅是加入，而是要融入原有体系，打通线上、线下壁垒，实现场景通、资源通、数据通，使用户更活跃、连接更精准、运营更智能。

在现实中，很多 DTC 品牌都是从传统消费品企业转型而来的，良品铺子就是其中之一。通过观察，我们发现良品铺子发展初期采用的是直营模式扩充门店数量，建立线下渠道覆盖体系。随着电商模式的兴起，消费者的购物习惯发生变化，不断向线上渠道转移。也是在这个阶段，良品铺子意识到线下门店的局限性，开始进行渠道变革。

良品铺子的渠道变革之路可以分为两个阶段：第一阶段的主要任务是完善线下渠道的同时，积极开展电商业务，建立完善的线上渠道经营系统；第二阶段是数字化赋能线上线下渠道融合，打造基于"平台电商＋社交电商＋自营 App 渠道"三位一体的全方位运营网络，多线连接消费者，提升消费者的购买体验。

通过一系列的变革后，线上良品铺子布局了热门的社交网站（微博、小红书等）、短视频（抖音、快手等）平台，并围绕 KOL 建立了品牌口碑，成功构建了多样化的消费场景。同时，良品铺子也在积极探索直播（淘宝直播、抖音直播等）销售窗口，以期提高产品销量与品牌知名度。

线下，良品铺子也设计了"线上下单快速送达""线上下单门店取货"等多样的交易方式，将终端门店在线化，进一步提高了门店的业绩，增强了用户黏性。

从目前的行业趋势看，线上渠道虽然占据主导地位，但尚未发展到可以完全取代线下渠道的阶段。为了直面不同类型的消费者，线上与线下渠道的有机融合，是消费品企业现阶段的必修课之一。

专注某一特定品类，在红海市场中找到蓝海机会

在产品设计方面，DTC 品牌往往会避开竞争激烈的大品类，到更加细分的品类、人群、场景中寻找机会。专注于某一特定品类，能够让企业集中精力和资源，设计出可以最大限度地匹配消费者需求的优质产品和服务，从而快速占据市场。这一点，在品牌刚刚创立急需打开市场的阶段，尤为重要。

除此之外，企业专注于某一特定品类，可以有效缩减消费者在多

个产品中对比和选择的时间，帮助消费者简化决策的过程。随着生产力的不断提升，很多行业都出现了供过于求的市场现象。在这种情况下，头部企业可以凭借自身的绝对优势，成为游戏规则的制定者。而其他企业，只能按照头部企业的既定规则去竞争本身就十分有限的市场份额，至于反超头部企业，几乎是不可能的。比如饮品行业发展了那么多年，出现了那么多后起之秀，但始终没有一个品牌可以取代可口可乐和百事可乐成为新的头部。

虽然很难在大品类中找到脱颖而出的机会，但很多成功的新消费品牌机智地选择了另辟蹊径的方式，即到更加细分的品类、人群、场景中去寻找机会。

中国人对于茶饮十分热爱，茶饮市场也拥有极大的需求量，但这个行业内部的竞争异常激烈，大量的新兴品牌向茶饮行业进军，真正能够存活下来的只是少数，茶里就是少数之一。

创立于 2013 年的茶里选择了一个足够细分的品类。不同于其他传统茶叶或新式茶饮，茶里主打的是"精致茶"的小品类，其核心产品是高端原叶袋泡茶。针对那些对茶饮有需求，但又不习惯或不懂得使用传统方式泡茶的年轻的白领用户群体，这样的产品设计满足了消费者方便、易喝的潜在需求。在产品的口味设计上，茶里也尽可能地向年轻消费者的喜好靠拢，比如推出了"棒棒奶茶""冻干水果茶""茶冻"等创新产品。

近两年，茶里已完成全渠道布局。目前，线上全网有售，天猫、京东上的销量稳步增长，社区团购切中了消费者的购买习惯，销售业绩增速明显。2015 ～ 2020 年，茶里蝉联天猫"双 11"花草茶类目销量冠军；截至 2021 年年底，茶里拥有 100 多万年轻粉丝，8 年累计售出茶包 8 亿多包。

在线下，茶里打通了上千家星级酒店、企业茶水间、连锁餐饮等渠道，将连锁新零售场景及直营体验店打造为品牌的主要销售网络。

"只要范围足够小，每个企业都能成为头部"这句话有一定的道理。消费者的需求是多种多样的，头部企业再强大也有很多力所不及的地方，而这些没有得到最大限度满足的细化需求和消费场景，就是新消费品牌切入的机会。

DTC，"以消费者为中心"思维的实操手段

站在消费者的角度，提供极致体验

DTC 品牌会借助对消费者需求的精准洞察，深入了解消费者的需求，再以消费者的需求为参照设计或升级迭代产品和服务，从而为消费者提供极致的消费体验。在实践中，这个过程通过以下 3 个步骤可以实现。

第一步，深入用户运营与共创，系统性地收集用户对产品的想法，并将其作为开发产品的基础，将用户纳入反馈与迭代的闭环。

前文中提及的三爱文胸，为了让消费者买到满意的商品，在进行了大量调研后，推出了"半码"内衣，让更多女性消费者买到了更适合、更舒适的产品。

国内也有一家类似的品牌，会在产品设计前，通过市场调研发现消费者未被满足的内衣需求，进行有针对性的研发，以此得到了很多消费者的认可。

第二步，敏捷反应，由"大批量低频率"向"小批量高频率"模式转型，笃定应对即时或爆发性需求。

已走向海外的希音（SHEIN）将生产周期缩短到一周的时间，并大幅降低了开动生产线的最低标准。即使订单量只有 100 件，供应商也愿意为他们进行加工。在这种情况下，希音通过数据分析明确消费者的需求后，可以快速打版，制作成衣，然后将成衣产品投放到平台上快速测试市场反应。这种"小单快返"的模式，极大地提升了品牌响应消费者需求的速度，同时也降低了库存成本。

第三步，便利配送和服务，降低消费者购买时的心理门槛，扩展品牌的售后服务。

创立于 2014 年的纽约床垫电商品牌 Casper，为了打消消费者的顾虑，提供了 100 天无风险的免费试用服务。顾客在门店下单后，在 100 天内，如果使用产品后不满意，可以随时提出更换或退货的要求。在退换货时，Casper 会指派专门的快递员上门收回床垫，无须客户邮寄。

当下年轻的消费者既理性又感性，他们既可以理性地分析产品的优劣，做出最符合自身需求的选择，也可以从感性诉求出发，不仅仅满足于物质层面的匹配，而是追求情感层面的共鸣。企业在提供极致的消费者体验时，需要同时考虑消费者的理性诉求和感性诉求，全方位满足消费者的需求。

借助社交媒体进行推广

DTC 品牌为了让消费者能随时随地以便捷的方式获得商品与服务信息，普遍选择了以社交媒体为主要渠道的营销推广方式。我们在之前的内容中也提到，消费者出于自身的社交需求，对于社交媒体的使用频率正在逐渐提高。在这种情况下，品牌只有在社交媒体上发声，才能更加高效地与消费者建立连接。

在罗兰·贝格咨询公司①发布的《2022 年车企数字化营销报告》中有这样一组数据，从 2017 年乘用车销量攀至顶峰后，到 2020 年，已经连续三年呈下降趋势，如图 2-2 所示。加上新能源转型的加速，造车新势力的入局，整个汽车行业的竞争不断加剧。面对这样的市场现状，汽车品牌的销售模式、渠道和营销手段亟待变革。

---

① 罗兰·贝格国际管理咨询公司，1967 年成立于德国，现在是欧洲最大的战略管理咨询公司，拥有完善的全球知识库。

乘用车新车销量
（万辆）

| | | 2438 | 2472 | | | |
| 1970 | 2115 | | | 2371 | 2144 | 2018 |

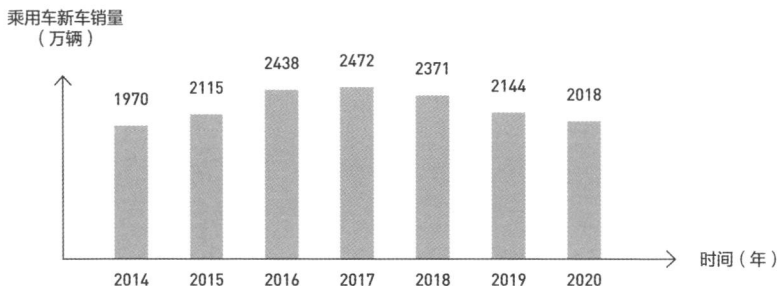

图 2-2　乘用车新车年度销量变化趋势

数据来源：MarkLines 数据库，罗兰·贝格。

从现阶段看，很多车企的销售理念已经从"以产品、渠道为中心"向"以消费者为中心"转变。比如五菱汽车就已经意识到 DTC 的"线上销售＋线下体验"更有助于洞察消费者需求，通过与"新零售"的结合，可以有效提升消费者体验，培养消费者对品牌的忠诚度，进而实现销售的有效增长。但作为一家传统企业，五菱汽车之前在线上渠道的应用方面并没有相关经验，所以找到知家寻求帮助。

2021 年，经过知家和五菱的共同探索，最终确定了未来发展的方向：减少在传统媒体、垂直媒体的预算，增加在社交平台上的投入。同时，知家也制定了具体的"短视频战略""小红书战略"以及"一呼百应"的经销商传播与电商赋能战略。这些战略极大地提升了五菱新产品在社交媒体覆盖人群中的知名度。最终的效果也是显而易见的，新媒体端线索贡献占比已经超过30%。

除了迎合现在消费者获取信息的习惯，DTC品牌依赖社交媒体进行营销推广，也与传统营销模式的部分失灵有关。

过去，有些企业常采用一些营销宣传的套路：立一个虚假的人设，让消费者觉得不明觉厉①；搞一些贴近热点的噱头，吸引消费者的注意力；讲一个感人的故事，用10万+的阅读量诱导消费者；甚至直接花钱买流量，增加品牌的热度等。这些套路只能让品牌被更多的人知道，但不一定能够拉近消费者与品牌的距离，进而推动产品销售。因为现在的年轻消费者看似冲动，实际非常理性，这些虚头巴脑的营销内容，根本无法打动消费者。对于这样的营销活动，年轻消费者即便看到、注意到，往往也会选择性地忽略。

通过社交媒体进行营销，品牌更像在与消费者"交个朋友"，在

---

① "虽不明，但觉厉"，即"不明觉厉"，网络用语，意为"虽然不明白（对方）在说什么、做什么"，但是感觉很厉害的样子。

从零到亿

这种关系下，消费者往往更容易被品牌说服。

全渠道数据整合，数字化赋能让决策更精准

所有的揣测与推断都不如实打实的数据来得可信。过去，由于技术水平的限制，企业要想获得完整的用户数据难上加难。现在，数据技术和数字化工具的广泛应用，使 DTC 品牌能够快速而精准地洞察年轻消费者需求的变化，并及时地做出反应。这也是 DTC 品牌能够快速响应消费者需求变化的一个重要原因。

元气森林前研发总监叶素萍曾说："元气森林的研发走的是快速试错的路子。分别让标签相似的目标人群饮用同一款不同版本的饮料，收集各群组的用户体验数据及反馈，最后分析、评估出最好版本，正式采用。"

在实际的经营中，这种数据测试的方法被元气森林应用到了不同的场景中。

在初步确定了产品研发思路后，元气森林会将新产品的卖点以信息流广告的形式，在今日头条等平台上进行投放，然后通过比对不同产品卖点关键词的点击率，就可

以判断消费者对新产品的哪些特性更感兴趣。

新品研发出来后，元气森林同样也会在电商平台、线下商超等销售渠道进行测试。电商平台的测试比较简单，根据实际销量就可以评判产品的优劣。在线下门店，元气森林同样可以通过抬头率等数据，清晰地判断新品是否受到消费者的欢迎。

除了这些阶段性的测试，元气森林还会在微信平台上招聘"体验官"，从忠实客户的口中获取产品的真实测评数据。现在，元气森林储备了上百个 SKU，不断地进行测试和对比，一旦经过验证随时可以投入规模化生产和推广。

有了数据作为参照，很多原本并不明确的趋势，也会变得明朗。更重要的是，时代在变化，消费者的需求变化也一直在提速，很多机遇稍纵即逝。利用大数据技术辅助决策，不仅能够提升决策的精准度，还可以避免过多无用的思考和犹豫，从而提升决策效率。

以上就是 DTC 品牌的 5 个关键特征，也是其主要优势。通过对这些优势进行分析不难看出，很多企业现阶段的发展困境都可以通过 DTC 解决。至于如何在自己的企业内部实践这种模式，后文中会重点讲解。

理性面对 DTC

与传统经营模式相比，DTC 虽然具备很多优势，并且可以帮助企业解决很多现实问题，但它毕竟不是"万能药"，不能医治所有的企业或企业所有的"病症"。更何况现在很多人对 DTC 的认知不够正确，存在很多偏差。在学习如何实践这种模式之前，我们首先要纠偏，帮助大家重新从客观的角度正确认识 DTC。

失败的网红品牌，并没有真正做到直面消费者

以 DTC 为代表的新消费浪潮目前已成为资本市场的热点，不断有新品牌带着网红产品"一夜爆火"。创业者前赴后继、资本大

力推动，形势看似一片大好，而一旦潮水退去，裸泳者也将以尴尬收场。

网红产品的迅速走红离不开品牌对消费者痛点的精准迎合。踩中都市 GenZ 消费者的痛点，产品与品牌的第一波流量得来轻而易举。令人可惜的是，这样的网红产品在一路高歌猛进中，最终的宿命只有"翻车"。不仅无限消耗消费者的信任，更会引发消费者对品牌的抵触情绪。

在市场中，有不少企业认为"直面消费者"就是所谓的"网红品牌速成模板"。实际上，世界上没有一家企业能够靠一个速成的商业模板支撑起具备企业社会责任与可持续发展的新消费创新体系。真正的 DTC 品牌打造，也不仅仅是打造一个网红品牌那么简单，而是一套包含了企业经营的完整体系。

DTC 的核心是"尊重用户，以消费者为中心"。但是在现实中，很多消费品企业只是把"以消费者为中心""为消费者创造价值"等口号挂在了公司的墙上，挂在了管理者的嘴边。大多数品牌并没有理解什么才是真正的"以消费者为中心"思维，更不知道如何实现"以消费者为中心"的经营。

"以消费者为中心"思维：不管你怎么动，我都围着你跑

DTC 为什么需要品牌去建立自己的客户连接渠道，为什么要求企业要从不同的场景去直接与消费者建立沟通，归根结底都是为了让消费者获得高效便捷的服务体验，有效提升企业直面消费者的效率。换句话说，就是"消费者不用动"，品牌围着消费者制定各种营销策略。

但现实情况是，很多时候品牌的营销更加注重自我表达。这就意味着消费者在做出决策时，需要考虑多方面的因素，为了选购一个商品，消费者甚至要做各种攻略；为了结账，消费者可能要在不同的平台上注册会员。遇到这些情况，消费者的耐心很容易被消耗殆尽。

> 对很多女性来讲，逛街其实是一种消磨零碎时间的休闲方式，看到一些小首饰店就忍不住想进去转一圈。之前和朋友在五道口逛街时发现了一家首饰店，笔者花了 20 分钟选中了一个胸针。
>
> 结账时，柜台收费小姐姐笑脸相迎，问道："请问您是会员吗？如果不是，就需要按正价 99 元结账。"听到这个价格，笔者愣了一下，心里充满疑惑："正价不是 39

元吗？"于是笔者拿过胸针仔细一看，结果发现大大的39 元下还有一行小字——原价：99 元。

为了不浪费这 20 分钟的挑选，笔者只能注册会员。当扫完柜台上指定的二维码后，手机界面直接弹出店内销售人员的微信客服号，先要添加好友，还要进群。操作完这些后，店员又告诉笔者，还要再扫一下另一个小程序二维码，才能成功注册会员。一番烦琐的操作下来，虽然时间不长，却让笔者感到格外煎熬和不适，尤其是在后面排队结账的顾客和旁边朋友的热切注视下。

最后，笔者把花了 20 分钟挑选出来的饰品放在了柜台上，和朋友以最快速度"逃"出了这家店。走出这家店后，笔者立刻删掉销售人员的客服号，退出商家社群。

这件事情发生后，笔者曾仔细回想自己为什么会失去耐心，其实并不是因为笔者想在不付出任何时间成本的前提下，花 39 元买走一件原价 99 元的产品，而是因为笔者不想为了省下 60 元而要花 5 分钟让别人按自己的手机，教自己一步一步注册会员，也是因为笔者不想因为自己而耽误后面的人结账，让朋友一直等着。

不论线上还是线下，再令人心动的商品，也会让消费者因为糟糕的体验而放弃下单，严重到以后也不会再买该品牌的商品。所以，就算商家为了引流线下消费者实现长期运营的复购，具备了企业微信的数字化中台，但如果没有站在消费者的角度共情，而是仅简简单单靠利益驱动销售人员与消费者，这就是不具备"以消费者为中心"思维，还有可能适得其反。

所以，无论在什么时候，我们都要牢记：消费者是人，不是流量。真正"以消费者为中心"思维，一定是要把消费者放到所有工作的中心。产品的设计研发需要以消费者的需求为标准，营销的设计需要以消费者的习惯、偏好为参照，甚至服务的方式都要按照消费者的要求进行调整，这才是真正的"以消费者为中心"思维模式。

明白 DTC 真正的思维核心实现了思维层面的转换，只是在应用这种模式的路上迈出了第一步。之后，一些具体的问题如何去解决，比如思维模型如何建立、操作模型又该从哪些方面入手等，后文中会重点讲解。

HUNDRED MILLION

从零到亿

双环增长模型，从 0 到 1 快速打造 DTC 品牌

"万事开头难"，从零开始快速掌握一种全新的经营模式，并不容易。好在我们都是站在前人的肩膀上，可以从前人的经验和技巧中总结归纳出一套操作模型，帮助企业实现从 0 到 1 快速打造 DTC 品牌的目标。

DTC 品牌双环增长模型的内外环

DTC 品牌双环增长模型

通过对过去成功经验的总结，我们发现，要想打造优秀的 DTC 品牌，企业需要具备 6 种要素。

第一，极致单品。产品是品牌的核心竞争力，只有在质量、外观、卖点、服务以及消费体验等层面都具备差异化竞争力的极致单品，才能满足消费者的个性化需求，成为被细分消费群体信任和喜爱的品牌。

第二，超级用户。超级用户虽然只是品牌用户群体中的一小部分，却能够通过持续复购，为品牌带来大量而持续的收益。同时，对品牌极度忠诚的超级用户，还是品牌营销与宣传的重要渠道，能够通过社交裂变，有效扩散品牌口碑，带来更多新用户。

第三，品类王者。品牌的竞争始终是品类的竞争，只有成为所属品类中的"王者"，品牌才能在激烈的竞争中脱颖而出，被更多的消费者关注并选择。

第四，关键渠道。再极致的产品，只有与消费者产生连接，才能真正吸引关注，具备产生转化为实际收益的可能性。而关键渠道的价值，就是帮助品牌直接连接消费者，甚至让消费者对渠道产生依赖，实现固定渠道的购买。

第五，饱和内容。要想一个产品成为一个品类的"王者"，首先是内容包装，品牌可以借助大量不同形式的宣传内容持续连接不同类型的消费者，其次是内容的饱和投放，巩固消费者对产品和品牌的认知，最终实现消费转化和持续复购。

第六，超级运营。传统的消费品企业往往缺少运营意识，习惯于通过促销打折、广告投放等手段获取新用户，推动销量增长。但这种方式本身存在一定的局限性，夸张的营销宣传容易伤害用户的消费体验，一旦缩小优惠力度和停止促销，销量就会锐减。而且，就目前而言，流量红利已经见底，企业的获客成本正在不断上升。比起"向外求"，企业更应该"向内求"，通过持续的运营，不断优化用户的体验，提升用户对品牌的忠诚度，实现持续复购。与此同时，企业应该借助精细化运营，激发用户口碑，带来新用户的增长。

以上 6 种要素，在驱动品牌增长的过程中，组成了一个双环的增长模型，如图 3-1 所示。

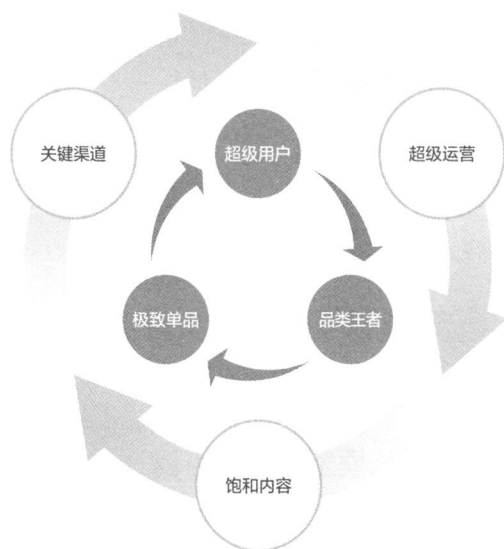

图 3-1　知家 DTC 品牌双环增长模型

其中，极致单品、超级用户、品类王者构成了 DTC 品牌增长模型的内环，是每一个 DTC 品牌成为超级品牌路上的里程碑，是在确定市场定位、品类细分、人群洞察等之后搭建起来的差异化创新型成果。极致单品是品牌获得长期发展的核心基础，是品牌成为品类王者的重要抓手，是超级用户表达立场、完成自我跃迁的持续动力；超级用户是极致单品形象搭建的重要伙伴、是品类王者保持领先优势的坚实后盾。

关键渠道、饱和内容、超级运营构成了 DTC 品牌双环增长模型的外环，是拉动 DTC 品牌增长的"三驾马车"，三者如同三个齿轮，相互配合，相互运转，带动整个 DTC 品牌的长期发展。

总的来说，DTC 品牌双环增长模型是一个"以终为始"的方法体系。每一个板块都是想成功的 DTC 品牌需要攻克及实现的重要目标与结果，有先后次序之分，但并没有轻重缓急之别，每个环节都很重要，每个结果都要实现。

DTC 品牌双环增长模型的底层逻辑

在具体拆解 DTC 品牌双环增长模型之前，我们先和大家分享一下这个模型的底层逻辑。知家的 DTC 方法论，是借助公式化思维，帮助企业回归商业经营的场景，探索企业发展的本质。

不管是传统的消费品企业还是新锐品牌，都希望直面消费者，与消费者建立长期关系。这些企业面临的问题或许有所区别，但解决问题的思路却是趋同的。如果我们能够打造一个公式化的方法体系，或许能够帮助企业更加高效地建立以消费者为中心的商业模式。

通过分析，我们发现打造极致的用户关系、清晰的品牌聚焦、超用户预期的满足感、出色的消费体验、有效的客群运营、充分利用社交媒体、多元化的内容投放等都是至关重要的。这是我们将DTC 品牌塑造过程拆解成具体的任务后得到的。

为了打通环节，构建公式，我们从回归商业发展的本质思考，对关键任务追根溯源，去除干扰信息，找到了"极致单品、超级用户、品类王者、饱和内容、超级运营和关键渠道"这 6 个核心课题。在之后的内容中，笔者也将围绕这 6 个核心课题展开，具体阐述 DTC 品牌增长的方法。

DTC 品牌创新
方法论

在为大量消费品企业提供服务的过程中，我们发现能得到消费者青睐、保持高速增长的企业都有一个特点：它们将极致单品的打造、超级用户的价值挖掘、品类的强势突破相结合，如图 3-2 所示。它们不追求一时的成功，更重视建立长期的品牌竞争壁垒[①]。

图 3-2　DTC 品牌创新方法论

---

① 竞争壁垒是指企业在市场竞争中，基于自身的资源与市场环境约束，构建有效的针对竞争对手的"竞争门槛"，以达到维护自身在市场中的优势地位的市场竞争活动。

打造极致单品

DTC 品牌的打造，本质上是一种基于产品的创新，如果企业没有具备独特竞争力的产品来打开市场，打动消费者，后续的一切努力都是徒劳的。所以，打造 DTC 品牌的第一步是企业需要找到市场空白，探索消费者未被满足的消费需求，研发具备差异化的竞争力，能够让消费者领略创新、臣服"颜值"、满足社交、沉浸体验的核心单品，即所谓的"极致单品"。

生活中大家常见的奶瓶通常都是平直的造型，奶嘴和瓶身在同一条直线上。使用这种奶瓶给宝宝喂奶时，家长需要长时间握住瓶身保持一定角度，所以很多母亲在哺乳期会因为手腕长时间的疲劳而患上腱鞘炎。不仅如此，过于平直缺乏缓冲的奶瓶，也容易让宝宝在饮用时被奶水呛到。

基于传统奶瓶的这些缺点，国内某母婴品牌创新性地推出了一种奶嘴倾斜的"歪头奶瓶"。倾斜的奶嘴，可以让家长在握持时找到借力点，缓解手部疲劳，同时可以有效避免宝宝呛奶的发生。这个小小的改动，对用户来说却是更好的体验。

极致单品的具体打造方向有很多，企业可以从细分赛道出发，切入差异化竞争市场，满足消费者的个性化需求。比如有的内衣品牌从"无钢圈"切入细分赛道，也有从"胸围大、微胖"切入细分赛道，以此精准地抓住消费者对内衣需求的变化，满足新一代消费者舒适与高品质的多元需求。企业也可以利用个性化的产品包装及设计研发，提升客户体验，比如极具花西子认知标识的浮雕口红。

当然，赋予产品社交属性，从满足消费者社交需求的角度入手，也是打造极致单品的思路之一。比如钟薛高食品独特的瓦片外形和顶部回字设计，三顿半咖啡杯的外包装等个性化的设计，都能激起用户分享的欲望。

挖掘超级用户的价值

科特勒[①] 在《营销革命 4.0》里曾经提到，现在的消费者对朋友、家人、粉丝等与自身具备较高情感联结的人群，有更高的信任度。在这种趋势下，引领舆论导向的传统营销模式已经失效，品牌的信任链正从"用户—品牌—用户"转向"用户—超级用

---

① 菲利普·科特勒是美国经济学教授，现代营销集大成者，被誉为"现代营销学之父"。

户—用户", 如图 3-3 所示。

图 3-3 品牌信任链的变化

所谓超级用户, 是对产品研发、用户增长、品牌建设、商业盈利起关键作用的一群人。超级用户可以将品牌的信任链路打通至用户端, 让产品感知更具效率, 为极致单品的开发和迭代提供建议与支持。他们不仅可以让传播更贴近用户, 打造圈层文化, 维系用户在品牌社区里的社交氛围, 还可以让品牌更具爆发力, 借助自身 IP, 通过内容共创、文化共创强化品牌传播效应。

我们都知道举办一场大型的品牌线下活动有多么困难, 不但需要很多不同职能的专业人士相互协作, 还有海量的细节需要确认。蔚来也知道这一点, 所以在举办 "NIO Day 2020" 活动时选择了另外一种方式——用户共创。

蔚来在自己的用户社区中发布了招募用户顾问团的信

息，吸引了近 300 名超级用户参与，最终经过筛选确定了其中 5 位。这 5 人中，不仅有乐队主创、电视节目的导演，还有摄影爱好者，他们的专业都可以完美地应用到活动的设计中。不仅如此，除了用户顾问团，蔚来还同时招募了 166 人的志愿者团队，负责活动期间的联络、接机、信息服务等事宜。作为本次活动的志愿者，他们不但没有任何收入，还要投入时间提前接受培训。即便如此，依然有很多忠实用户积极地报名参加。

正是因为有这些愿意在品牌建设上投入时间和精力的超级用户，蔚来才能不断地扩大品牌和社群的影响力，获取更多的忠实用户。

超级用户虽然只是品牌用户中的一小部分，但其价值和作用却远超其他普通用户。所以，超级用户是品牌在客户运营中需要重点关注的对象。在具体的运营工作中，企业需要根据每个圈层的特点设计营销方案，从而有针对性地影响不同类型的超级用户。

知名畅销书策划人，凯茜·西拉（Kathy Sierra）在《用户思维 +》一书中写道："成就用户才能创造可持续的成功。"超级用户的营销思维正是创造可持续成功的重要因素。

塑造品类王者

所谓品类王者，就是在某个品类中销量排名前三的品牌。品类王者这个标签所代表的，不仅仅是品牌的实力和销量，更是在某细分赛道上消费者对品牌的认可和信任。也就是说，品牌成为品类王者，能够得到更多消费者的信任，而在这个基础上，企业能够更轻易地与客户建立直接联系。因此，成为品类王者，是打造DTC品牌的重要环节之一。

品类王者的塑造，通常有以下两种方式。

品类细分

对大多数品牌来说，大品类中的"王者"地位很难撼动。企业从一些新生的细分品类入手，更容易找到成为"王者"的机会。因为一个新品类"小荷才露尖尖角"时，是个难得的窗口期。这时该细分领域没有成熟的品牌，其他领域的大公司也没有重视该细分领域，此时是企业切入该细分品类最佳时机。

当然，在合适的时机切入细分品类只是一个开始，企业能否抓住新品类背后的需求，开发出符合消费者需求的产品和服务才是重点。很多细分品类，表面上看是由企业经营策略推动的，实际上消费者不断细化的需求才是新品牌在此细分品类迅速崛起的驱动力。

自热火锅是方便食品的创新细分品类，其市场火爆的背后是由"宅"经济和社会原子化引发的"一人食"新需求："一个人，也要吃得好一点。"从表面看，代餐的兴起是消费者增强了健康的饮食意识，但其背后是上班族和学生党在工作学习压力下"便捷养生"的新需求。而日抛型的隐形眼镜、美瞳类产品，也是为了迎合消费者在使用便捷性方面的细分需求，是一种细分品类产品。

类似的产品还有很多，如精品速溶咖啡、即食燕窝、无尺码无钢圈内衣等，都是企业在关注到消费者对某种类型产品的细分需求后，有针对性地开发出来的新产品。

品类弯道

除了细分市场，企业还需要抓住和品类红利相关的增量市场。我们发现，消费者对全新品类的接受程度更高，对新鲜事物的好奇感更强，如果企业可以抓住创新性的品类红利，往往可以更快地从同质化竞争中脱颖而出。

在实际经营中，品类红利的出现往往打开了企业在品类实现快速发展的窗口期。首先，消费者观念的转变会带来新的品类发展机遇。比如，精致男士们在护肤、美妆方面的需求，催生了男士专用护肤品、化妆品等细分品类；年轻的女性消费者在饮食方面追求的低脂肪、低热量，也一直推动着素食产品的不断发展。

其次，技术的革新可以带来源源不断的新产品，改变消费者的生活习惯和消费习惯。比如，能够收集用户睡眠状态下的数据，然后自动调整合适的模式，从而辅助用户睡眠的智能睡眠枕，就得到了很多有睡眠障碍用户的青睐。

最后，商业模式的创新能够构建全新的消费场景，为消费者提供更好的消费体验。

现在很多年轻人都会养宠物，每次购买宠物用品时都非常麻烦，有时甚至需要奔波于几个不同的店铺才能买齐想要的商品。而有些宠物电商品牌通过订阅制的产品供应方式有效地解决了这一问题，用户可以根据自己的需要选择不同价位的套餐，然后提前下单预订，到预订的时间时，商家就会把宠粮和零食、玩具等一系列宠物用品送到用户家中。

对企业来说，每一个细分品类都是新的市场机遇。在市场机遇出现时，企业应该加强品类创新和用户营销，以提升市场占有率。

无论品类细分还是市场机遇，其实都是在向企业强调一件事情，那就是抓住机遇，掌握需求，及时创新。

DTC 品效销核心手段

关键渠道　　饱和内容

超级运营

图 3-4　DTC 品效销核心手段

不论传统企业的 DTC 品牌化，还是初创企业打造 DTC 品牌，极致单品、超级用户、品类王者这三种要素都能帮助企业取得阶段性的成功，但不能保证企业持续增长。毕竟，市场和消费者的变化始终都是正在进行时。所以在此基础上，企业还需要关键渠道、饱和内容、超级运营的赋能，才能实现品牌长期的发展，如图 3-4 所示。

关键渠道、饱和内容、超级运营这三个重要手段，有其各自的作用。DTC 品牌关键渠道的组合设计是否合理，决定了品牌能否最大限度地连接消费者，能否提升连接的效率和效果，从而获得销售业绩的爆发式增长。品牌通过内容种草多维度地吸引消费者，销售增长也自然成为内容媒介饱和投放的一个附带结果。超级运营是将"产品驱动营收"向"品牌驱动营收"升级，增强消费者的品牌意识，其中包括品牌话题、品牌 IP、社交关系及全域消费者的运营。

三个手段所产生的持续驱动力，可以帮助企业从"产品及价格驱动增长"转向"品牌驱动增长"，带动品牌势能与溢价。只有三个手段协同一致，才能推动 DTC 品牌"品效销"合一，实现企业的长期发展。

选择关键渠道

随着互联网数字化技术的发展，尤其以互联网原生品牌为代表的 DTC 品牌与传统头部零售品牌，开始凭借互联网思维探索可直面消费者的线上线下融合的自营渠道。它们对原有渠道进行优化整合，依靠流量红利、产品功能创新与线上线下渠道变革互通三者共同驱动，找到增长爆发强、稳定性高、可控性强、运作成本可监测及可迭代的关键销售渠道，从而获得新增长。

DTC 关键渠道的四大特征：具备数字化驱动营销及转化的能力；具备短期打造爆品的能力，能够快速切入消费者市场；借助数字化技术，具备实现线上线下全渠道融合且直营的能力；具备短期获得商品交易总额高增长，且被多零售行业反复验证，有效缩短品牌成功周期的能力。从目前来看，DTC 品牌的关键渠道主要分为以下四类。

私域社交电商

全民社交时代最稀缺的是信任关系，企业打造私域社交电商营销渠道的本质是建立经营者与消费者之间的信任关系，维护消费者对品牌的高忠诚度，并借助平台数字技术打通品牌线上及线下购买的关键渠道，通过多触点的营销路径、多元化的销售场景，让品牌与消费者的关系逐渐从陌生人发展成友人、熟人，甚至是家人。在社交电商平台上，用户的信任价值可以转换成实实在在的新流量价值与新营收增长价值，实现私域社交电商的商品交易总额增长。

作为国内消费者普及率最高的社交媒体，微信平台已成为目前国内规模最大、最主流的私域社交电商平台。除了用户的选择，微信自身的商业生态也是推动其成为主流社交电商平台的关键之一。

在微信平台上，企业可以借助微信生态发展从"营销到交易"的闭环渠道，实现品牌沉淀用户、统计数据、管理系统甚至是提炼算法的能力。这些要素都是成就企业业绩新增长的强大驱动力。

内容社交电商

企业打造内容社交电商营销渠道的本质，是指以消费者为中心，通过各种类型内容吸引、引导消费者购物，同时通过内容进一步了解用户偏好，实现商品与内容的协同，最终提升营销转化效果。企业在内容社交电商上的营销活动以内容种草、兴趣激发为主，实现流量增加，助力"品效销合一"。典型的内容社交电商平台如抖音，品牌通过"短视频推广种草＋直播转化"（品牌自播、明星大 V、网红带货）组合拳，以抖音小店为交易场，实现多元化的高曝光，促进"品效销合一"。之前，五菱汽车就是通过抖音品牌号的成功运营打通了营销全链路，直播卖车 53 天，实现 1 亿元的销售业绩。

再如小红书的主要用户是年轻女性，该平台适合基础完备的电商运营团队的品牌，通过品牌内容的高曝光和强种草，推动用户的消费决策，间接实现品牌后续的销售转化。

　　在小红书平台上，某婴童护肤品通过"高价值内容做口碑＋高曝光流量抢赛道＋搜索卡位精准触达"的方式，仅用了一个月时间，迅速领跑母婴用品赛道，站内检索量增长140%以上，有效提升了品牌知名度。借助小红书平台的预热，该品牌也曾在"99"划算节活动期间，一跃成为天猫婴童洗护品类销量第一名。

除了抖音和小红书，快手也是典型的内容社交电商平台。企业在快手上进行营销活动，打造由"熟人经济＋信任电商"所组建的新商业模式，通过建立"主播 – 粉丝"之间的信任关系，提升粉丝忠诚度及黏性付费。

传统货架电商

以消费流量为主的传统货架电商，用户购物需求是核心，他们依然是不可或缺的关键转化渠道。传统货架承担着品牌官网的职责，企业通过优化产品详情展示、客服体验及售后保证等，吸引消费者的关注，调动其对产品的购买兴趣及产生下单行为。

不仅如此，传统货架电商也是享受品牌营销长尾效应[①]的关键转

---

① 长尾效应，是指差异化的、少量的需求会在需求曲线上形成一条长长的"尾巴"，但如果将所有非流行的市场累加起来就会形成一个比流行市场还大的市场。

化渠道。品牌通过在社交电商平台和内容电商平台上的营销活动，促使消费者转化为品牌的忠实用户后，用户后续的复购往往会在传统货架电商平台上完成。

DTC 线下关键渠道

线上业态固然重要，但线下场景也不容忽视。现在的消费者格外重视消费体验，而线上渠道很难在将产品送到消费者手中之前，为消费者提供直观的使用体验。DTC 线下关键渠道恰好可以弥补线上渠道体验不足的劣势，为企业打破获客及生意增长瓶颈。

> 以尚品宅配的线上引流、线下获客为例，尚品宅配在抖音孵化、签约了大量的 KOL，借助他们的私域渠道，传播与尚品宅配有关的家装案例，吸引粉丝观看。同时，这些 KOL 会在个人简介中写明微信号，通过"0 元免费领设计"将粉丝引流至微信公众号。

> 消费者关注尚品宅配的微信公众号后，尚品宅配总部的客服会致电用户，确认用户所在的区域，并转给地区客服。之后，地区客服会再次向消费者致电，二次确认消费者个人信息、户型图、设计需求等基本信息，并将全部信息传递给设计师。设计师会在两天内与客户联系说

明设计方案，邀请客户择日线下进店看 3D 设计方案，
由此完成线上引流、线下获客的流程闭环。

如今，互联网流量大且分散，因此线下体验式消费需求成为 DTC
品牌必须关注的市场机会。线下消费的未来是沉浸化、体验化、
圈层化，线下渠道不仅要提供商品，更应注重商品背后优质的服
务体验，成为品牌长期建设的一部分。

成熟的 DTC 品牌通常会打造线下自营零售实体店，结合线上渠
道吸引、沉淀潜在用户，形成线上线下融合、协同的 DTC 零售
策略。在这一策略的指导下，品牌以消费者为中心，为消费者提
供更真实的社交互动，无缝式全渠道购物体验，同时完善售后服
务，持续提升品牌形象。

虽然布局 DTC 关键渠道的核心与传统渠道的目的一样，都是实现
销售获得利润，但它与传统渠道的最大区别是企业需要秉承"直
面消费者"的思维，整合原有售卖渠道，借助企业数字化能力，
挖掘各渠道的独特价值。同时，企业要积极填补消费者的体验空
白，降低企业的坪效①损耗，找到并构建满足各零售行业所需的多
元化、高效转化的健康关键渠道组合，从而实现营收增长。

———————————————————

① 用来衡量商场经营效益的指标，是指每坪的面积可以产出多少营业额。1 坪约等于 3.3 平方米。

双环增长模型，从 0 到 1 快速打造 DTC 品牌

设计饱和内容

饱和内容主要侧重于两方面，一是用差异化内容实现有效种草，提升消费者对产品及品牌的认知度；二是布局社交媒体矩阵，加强全平台扩散，实现流量新增、留存及回流，最终扩大产品传播势能，实现品牌影响共振。

比如在抖音平台上，消费者被短视频内容吸引，一次点击后进入品牌官方或达人直播间。在直播间场景中，主播讲得生动，展示得全面，吸引消费者二次点击产生购买。"内容种草 + 社媒拔草"的模式，以极短的营销链路提升了转化率，更重要的是缩短了品牌与消费者的距离，让品牌方可以从更直观的层面理解消费者，从而实现快速反馈、快速迭代。

差异化的内容和社交媒体矩阵布局可以推动不同平台上的用户相互影响，相互重叠；且多个平台组合可以实现彼此之间的取长补短；内容平台的广泛布局，最终可以形成长期流通的内容，强化品牌资产；立体式联合投放，可以有效扩大品牌知名度和影响力，提升商品传播覆盖率及传播频次。

在营销过程中，WonderLab 几乎在每个社交媒体上都进行了布局，且每个媒体上投放的内容形式也有所区别。

在微信平台上，WonderLab 瞄准高知女性用户，利用 IT、财经、营销类账号对品牌理念、成分质量、产品功能进行背书，打响品牌知名度。在知乎平台上，WonderLab 发挥知识社区平台优势，联合知乎权威人士深挖专业内容，种草核心种子圈层。在抖音平台上，WonderLab 采用生活化场景、食谱攻略、测评等多角度种草用户，并联合 KOL 打出"直播带货＋广告引流＋店播带货"组合拳，成功吸引了更多的目标用户。在 B 站上，WonderLab 瞄准健康塑型人群，甄选美食、运动头部 UP 主分享健康饮食、健身计划，联合 KOL 分享真实产品体验。在微博平台上，WonderLab 借助其娱乐基因和强扩散能力，采用联名活动、代言人营销、话题互动、KOL 泛娱乐内容多重玩法，拓展更多泛娱乐圈层潜在用户。

通过多种不同形式营销内容在多个社交媒体上的传播，WonderLab 品牌影响力在目标客群中得到了扩散，成立第一年就实现了 6000 万元的销售额，成为当时其所在赛道中的领先者。

当然，成交只是内容形式和内容展示平台饱和投放的一个附带结果，企业最主要的目的还是要通过多样化的内容和社交媒体矩阵的饱和投放尽可能多地连接消费者。

规划超级运营策略

品牌超级运营的本质是探究利用何种营销手段，快速扩大品牌知名度从而撬动品牌自然流量，与消费者形成更亲密的关系，并促成消费者成为品牌的忠诚用户，完成从"产品认知"到"品牌好感黏性"的跃迁。

一旦品牌与消费者建立情感联系，就会达成独特的认知及感官体验，进而让消费者对品牌产生簇拥情绪，不断帮助品牌输送新的目标客群流量。此时，品牌可以利用全域消费者运营撬动更大用户基数，不断加强品牌的核心竞争力，提高品牌溢价。

超级运营主要包含四个方面的工作：第一，品牌话题运营；第二，品牌 IP 运营；第三，社交关系运营；第四，全域消费者运营。

品牌话题运营

品牌话题运营的目的是讲好品牌故事、传播品牌价值观，在用户群体中为品牌营造一种流行前沿的氛围。品牌话题运营是整合社会化营销、口碑营销、病毒营销等方式，通过话题释放品牌价值，激发潜在用户对品牌的兴趣，获得更多流量，提升用户转化，完成营销目的。

品牌 IP 运营

品牌 IP 运营可以实现品牌差异化，打造独树一帜的品牌风格，调动消费者对品牌的兴趣，进而成为品牌的用户。品牌 IP 可以树立差异化品牌形象，吸引消费者的注意力，提升品牌知名度，树立品牌形象；可以加强社交关系，拓展消费者沟通场景，沉淀公私域流量池；可以实现破圈营销，激活销售增长，提高商业价值变现。

> 永璞咖啡打造的国风特色石狮子形象 IP——石端正，让消费者第一眼就能产生强烈记忆点。在经营中，主打创意咖啡的永璞，积极跨界联名，与周大福、良品铺子等品牌的联名，实现了目标客群对品牌认知的不断强化。

社交关系运营

社交关系运营通过以用户利益为核心的关系搭建，实现了从社交关系到社交资产的转变。

> 欧拉打造的"唯·ME 营""全球共创官"等用户运营

活动，不仅让用户与品牌打造的社群产生强黏性，而且通过后续的社交运营，提供社交体验，提升用户的品牌忠诚度，养成身份认同与自我表达习惯，真正将用户转化为品牌的朋友。

全域消费者运营

品牌需要在全渠道内实现用户生命周期运营（全域消费者运营），建立高黏性、高情感价值的用户关系，这将成为助力商业增长的原动力。同时，品牌还应搭建统一的用户管理平台，整合并沉淀全链路的用户数据；加强与用户直接沟通，围绕用户交互的消费旅程及体验进行优化及升级，进而构建品牌的长期护城河。

处在全生命周期不同阶段的用户，往往有不同的偏好。完美日记通过搭建数据中台分析用户画像，对用户进行分类，有针对性地发布个性化内容，实现精准运营。数字化精准运营，可以有针对性地为用户提供产品内容及美妆教程，提升用户使用产品的体验，从而提高用户的留存与复购，提高转化率和用户生命周期价值。

虽然超级运营的四个内容不在同一维度，但始终都是以消费者为中心的运营。消费者的需求和偏好是运营的主要方向，与消费者建立牢固而稳定的社交关系，实现持续复购和社交裂变，则是运营的关键目标。

总而言之，通过对 DTC 品牌双环增长模型的拆解，打造直面消费者的商业模式的路径已经清晰明了。但具体每个环节如何去打造，关键动作如何完成，还需要进一步地阐述与论证。

HUNDRED MILLION

从零到亿

实现短期成功，
为打造长期竞争力
奠定基础

一个品牌要想成功立足于市场，优质的产品、高质量的用户、突出的品类优势缺一不可。企业要想在同质化竞争中脱颖而出，产品、用户、品类都要做到极致，极致意味着独特，而独特才能出圈。

极致单品：
用户洞察，打造爆款单品

在同质化竞争日益激烈的市场中，极致单品以及其他类似概念，开始越来越多地被提到。在过去的一段时间里，我们见证了很多新消费品牌借助产品的强大竞争力，快速地抢占市场份额。

虽然很多品牌已经意识到优质产品的重要性，但什么样的产品属于极致单品，如何打造极致单品，依然是需要重点研究的课题。在接下来的内容中，笔者将重点探讨一下这两方面的内容。

实现短期成功，为打造长期竞争力奠定基础

极致单品：具备独特竞争力的核心产品

所谓极致单品，笼统地讲就是企业深入细分市场，找到市场空白，探索用户痛点，从而打造出的具备差异化竞争力的核心产品。对企业来说，打造极致单品一方面有助于提升品牌形象和扩大品牌影响力，另一方面也有助于企业开展差异化的传播策略，打造行业热点话题，占领一定的市场，实现超额利润。更重要的是，极致单品凭借自身独特的竞争力，可以有效培养消费者对品牌的忠诚度，驱动企业成长，带动品类成长，甚至帮助企业奠定行业领先地位。

从更细致的角度出发，极致单品还具备创新力、颜值力、体验力和社交力四个关键特征，如图 4-1 所示。一个合格的极致单品，可以让消费者感受到产品创新的魅力、臣服颜值、满足社交功能、沉浸体验，从而获取超预期的满足感，成为品牌的忠实粉丝。

打造超预期的满足感

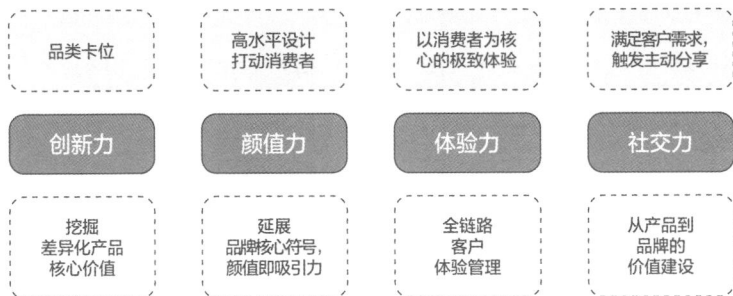

品类卡位	高水平设计打动消费者	以消费者为核心的极致体验	满足客户需求,触发主动分享
创新力	**颜值力**	**体验力**	**社交力**
挖掘差异化产品核心价值	延展品牌核心符号,颜值即吸引力	全链路客户体验管理	从产品到品牌的价值建设

图 4-1　极致单品的四大关键特征

创新力：品类卡位

极致单品的独特竞争力，主要来自创新。企业单独开创一个全新的品类是不现实的，更合理的方法是企业通过挖掘消费者的细分需求和痛点，与现有品类相结合，找到细分品类中的新机会。

常见的品类细分思路是，通过消费群体、产品功能的细化，打造符合某类消费人群的特定产品。除了这些常规思路，企业也可以从产品的感知入手，强化消费者对于某种属性的感知，从而塑造产品的独特竞争力。

在具体的工作中，企业可以从以下三个方面入手强化消费者对产品的感知：首先是产品层面，企业可以通过提升产品的质量、外观设计、功能与性能等属性，让消费者获取更好的使用体验；其次是服务层面，企业要为消费者提供专业、及时的配套服务，如高效的物流、完善的售后等；最后是体验层面，对今天的很多消费者来说，产品价值不仅包括原本的功能价值，还包括社交价值、情感价值和形象价值等。从这个角度讲，企业的产品和服务一定要具备足够的个性和调性，只有这样，才能让消费者发自内心地认可品牌的底层逻辑，产生分享的欲望。

> 在小仙炖出现之前，燕窝品类中并没有"鲜炖"这个细分品类。小仙炖在进入市场后，通过宣传下单即炖，顺丰速运的产品与服务优势，让消费者深刻感知到鲜炖燕窝与传统的干燕窝和瓶装燕窝之间的差异，从而在顾客心中建立了"鲜炖"这个全新细分品类。

颜值力：高水平设计打动消费者

前文中提到，年轻的消费者对产品的要求，不仅仅是好用那么简单，好看也非常重要。在这个"颜值即吸引力"的时代，企业只有以视觉符号的形式吸引消费者的注意力，才可能在竞争中获得先机。同时，出色的颜值本身也是产品差异化竞争力的一部分，甚至在某些特定的品类中，高水平的工业设计也不失为一种品类细化的思路。

蕾切尔·沃多夫斯基（Rachel Vodofsy）和她的丈夫马特·杜克斯（Matt Dukes）在 2015 年创立了 VINEBOX 品牌，主要提供酒类市场上短缺的一人份、小瓶、分装高端精品红酒。因为消费场景中类似品牌并不多，加上产品的颜值非常出众，试管瓶的设计让很多人眼前一亮，VINEBOX 凭借自身的独特性，很快就在美国突破了 100 万瓶的销量。

2018 年，蕾切尔乘胜追击推出了第二条产品线 Usual Wines。和 VINEBOX 的试管瓶相似，Usual Wines 采用了少见的锥形瓶。比起试管瓶，锥形瓶的外观更加前卫，更加个性，一经推出就得到了很多年轻消费者的青睐。

两款高端红酒饮品都在包装的尺寸和设计上做了全新的尝试，几乎是在用打造美妆产品的思路去设计酒类产品。产品设计上的显著差异化，最终也让这两个品牌在酒饮这个传统行业中迅速脱颖而出。

体验力：以消费者为核心的极致体验

从消费者需求出发，以消费者体验为中心，是 DTC 品牌的最大特征之一。这个体验不仅是产品本身带来的使用体验，而是从初次接触到最终购买的全链路体验。在这条链路上，有很多能够帮助品牌与消费者建立连接的关键节点。品牌想要提升消费者的体验，这些关键节点就是最佳的切入点。

如何找到这些关键节点呢？首先，企业需要梳理自己的客户旅程图。所谓客户旅程图，就是以时间为线索还原出来的客户和企业打交道的整个过程的路线图，找到客户与品牌交互过程中的客户痛点并找到其中的关键机会点，从而构成了"客户为了实现其目标所经历的过程"的可视化信息图，如图 4-2 所示。

客户旅程图是客户体验管理的初步研究阶段，能够帮助企业快速了解客户是如何逐步朝着目标努力的，发现客户在哪个阶段经历了最多的痛苦或阻碍。确定了整体的路线后，企业才能高效地将客户连接的真实瞬间固化下来，找到提升客户体验的切入点。

真实瞬间是指消费者和企业产生交集的每一个瞬间，所形成的对企业、品牌、产品和服务的印象。企业可以从这些关键连接点入

客户行为	进入	浏览	停留	决策	支付	分享

客户情绪

（情绪曲线：好奇 → 兴奋 → 惊喜 → 值得 → 思考 → 惊奇）

客户痛点	不感兴趣，没有探索欲	对浏览内容无感	没有惊喜，无法产生冲动	突然不想要了，感觉不是必需品	感觉价格略贵	内容无趣、无价值，没有分享欲望

| 机会点 | 进入动画的趣味性
互动式新人券设计 | 提高商品图的美感，增强艺术感
功能模块实用性 | 进度条显示
福利提醒 | 增值服务
促进下单，完成交易再获得奖励 | 朋友代付
货到付款
免密支付
专属客服 | 转发邀请
分享挑战 |

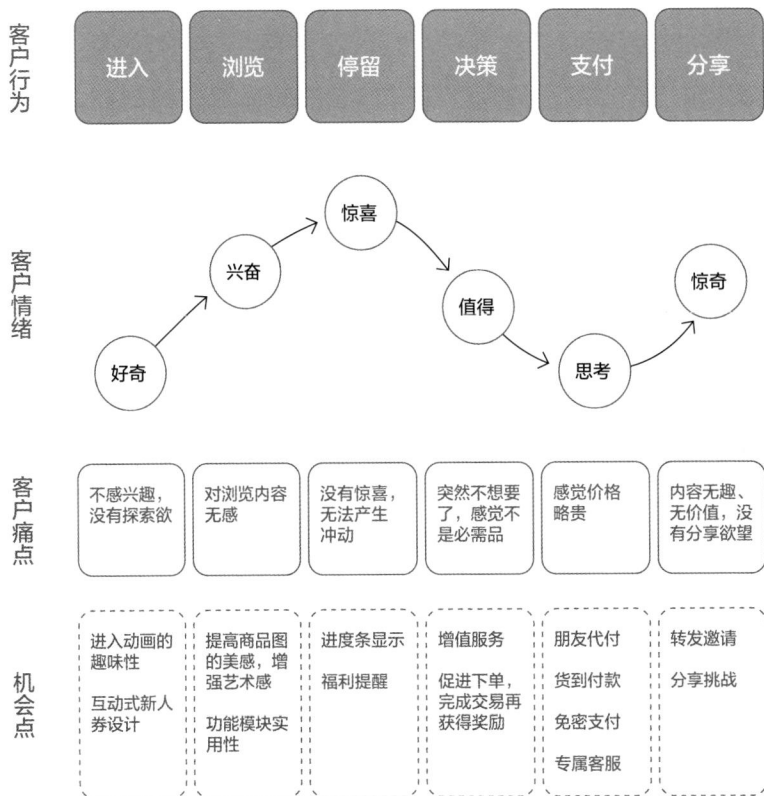

图 4-2　客户旅程图示例

手，通过营造仪式感，凸显品牌与众不同；突出重要性，加深消费者对产品及品牌的印象；制造惊喜，用随机奖励的方式给消费者留下印象深刻的惊喜等，从而提升消费者体验。只要企业把这

实现短期成功，为打造长期竞争力奠定基础

些真实瞬间——落实，通过系统的规划给消费者带来独特的、难忘的体验，就能创造良好的顾客满意度。

对于胡须浓密且生长速度快的大多数外国男性来说，定期购买剃须刀片及系列产品，是一件烦琐却又不得不做的事情。Dollar Shave Club 敏锐地察觉到消费者的痛点，推出订阅模式来配送剃须刀片。消费者注册成为 Dollar Shave Club 的成员后，首次购买产品只要 1 美元。

用户首次购买产品的包裹里，有商家精心准备的 6 样物品：精美的包装盒、有趣的欢迎信、剃须产品、会员升级资格说明、免费样品和《浴室时刻》娱乐资讯。《浴室时刻》刊载了一些男士修面技巧，并且回答了一些古怪的问题。这些物品可以帮助用户快速地了解品牌，并掌握使用产品的技巧，从中获取高质量的体验。这种交付形式，足以让消费者对品牌产生好感。

用户还可以选择每月花 3～9 美元的订阅费，享受品质如一的新刀片、剃须泡沫、肥皂等产品定期送上门的服务。不用上街，不用去实体店，就是这么方便。这种一揽子的交付方式，恰恰满足了消费者的消费需求——省时省钱，无须操心。

当竞争对手还在不断研发更贵的产品、开拓更多的线下销售渠道时，Dollar Shave Club 独辟蹊径，通过物美价廉的产品、流畅的购物体验，成功地在市场中占有一定份额。

客户体验管理的基本内涵就是，企业要找到客户与企业的连接点，围绕品牌的定位和客户的核心价值，有针对性地选择重要方面并将其做到最好。企业通过极致体验，打造精品 IP，在某一品类的消费者心中树立良好的品牌形象，这就相当于把握住了最佳入口。

社交力：满足客户需求，触发主动分享

在现在的市场上，如果一款产品不具备社交属性，就意味着产品难以获取有效的流量，品牌传播的难度也会大大提升。相反，一款具备社交属性的产品，不仅自带流量，而且可以激发客户社交分享的欲望，能够低成本、高效率地获取大量优质客户。但是，打造或者提升产品的社交属性并不容易，在实际工作中，企业可以从两个方面入手：一是植入话题，让产品自带社交热度；二是进行场景化设计，让产品成为社交工具。

1. 植入话题，让产品自带社交热度

对个人而言，消费不仅是满足物质需求，更多的是为了获得精神满足。在现实生活中，很多人习惯于用消费品来表达自身个性、品位、身份。

人与人之间的交往需要话题，这是避免尴尬和获取认同感的重要手段。如果企业的产品能够扮演这种话题载体的角色，就可以借助社交的力量，成功扩大品牌的影响力。让产品本身成为话题，以人们的亲密关系链做信任背书，以商品为载体，因良好的体验和优质的服务进行分享交流，这往往是促进裂变式传播最有效的路径。

赋予产品社交属性，让产品本身成为话题，自带社交热度，最直接的方式就是使产品拥有可以谈论的价值。质量、服务、外观、性能等产品相关方面的突出优点，都可以成为消费者主动分享的内容。就像前文提到的，母婴产品需要能够解决用户痛点，口红和球鞋需要款式新颖，只有这样，才能激发人们的社交欲望。

城市生活的压力，让很多人爱上了自由自在、接近自然的露营活动。他们喜欢这项活动不仅仅是为了放松身心，更重要的是为了构建一个社交场景，和朋友们聚在

一起，联络感情。所以，与需要大量设备，露营环境相对较差的传统露营模式相比，那些不需要背负沉重的背囊，在中心公园抑或在小区的草坪休闲区就可以简单进行的精致露营得到了更多人的关注。

对于追求精致露营的消费者来说，露营不仅仅是一种户外互动，同时也是承载了社交需求的一种生活方式。他们不仅需要更好的用户体验，还期望能够把这种体验"秀"在社交媒体上。因此，高颜值、出片率、氛围感逐渐成了消费者在精致露营方面的隐性需求。

意识到这一点的户外品牌，在设计产品时，开始考虑潮流因素和时尚元素的融入。比如某专业帐篷品牌联手年轻人群聊天软件，推出了一系列卡通主题产品，很快就火遍大江南北，成为被追捧的精致露营网红套装。甚至还有一些品牌，开始从露营场地入手，通过打造或美好或时尚的环境，满足消费者的社交需求。又如浙江某帐篷品牌联合知名酒店发起了"空中露营"活动，让露营产品和酒店露天阳光房场景结合起来，让用户可以在城市中心体验露营。创立9个月，该品牌就凭借沙滩、帐篷和酒店下午茶组成的"网红打卡三件套"在小红书上成功出圈。

实现短期成功，为打造长期竞争力奠定基础

2. 场景化，让产品成为社交工具

同样的产品，在不同的场景下，用户需要不同的解决方案。而产品场景化，就是代入用户思维，感受用户的需求与痛点，然后深入挖掘，找到用户真正想要的产品和服务。只有在特定的场景里，提供给客户合适的解决方案，才能让客户产生惊喜、兴奋、认同等情感，从而激发分享的意愿和动能。

> 新式袋泡茶茶里和 Chabiubiu 的产品，不仅口味符合当下年轻消费者的偏好，而且外观设计相当精美，使用起来也比较方便。很多人不仅把这种产品作为日常的饮品，有时也会把它们作为联络感情的小礼物分享给自己的同学、同事。

> 尤其是茶里的茶包，选择了独立的三角茶包包装，不仅具备极强的密封性，使用起来也非常方便，符合当下年轻人的习惯偏好。

当然，很多时候，用户的社交分享需要品牌方主动推动。

> 好望水通过与婚礼策划公司达成合作，将特定产品打造成为一款婚礼客人的伴手礼。因与婚礼场景直接绑定，

好望水强化了消费者对场景的联想。

除了这种与特殊活动的场景绑定，好望水也同样擅长与生活化场景的匹配。比如早期一款爆款产品，定位就是与火锅、烧烤等浓油重辣类餐饮消费场景搭配的解腻饮品。在营销方面，好望水联合一众线下餐饮店，合作打造了"龙虾节"。借助小龙虾自带的人气和流量，好望水将产品植入吃小龙虾的场景中，有针对性地向消费者输出"消夏解腻"的联想概念，增加了好望水与"重油重辣"类场景的关联性，强化了产品助消化的特点，成功地吸引了更多用户的关注。

比起企业的营销宣传，消费者往往更相信其他消费者的推荐。从这个角度讲，在如今的市场上，缺乏社交属性的产品，无论品牌传播还是用户获取，多多少少都会受到不利的影响。

打造极致单品，把产品当作品牌来塑造

极致单品的打造，简而言之，就是企业把一个单品当成一个品牌来塑造，为其配置强大的资源支撑，促使产品成为消费者在该品类中的首选。

与很多主打养生或是倡导潮流生活方式的营养品不同，LemonBox 将品牌形象塑造为"专业和科学的营养品"。所以，在产品研发和品牌营销方面，企业也是基于这一形象去展开。

在产品研发上，LemonBox 以"定制化"为核心特点，运用算法技术、产品开发能力和配备的营养师团队，解决消费者不知道该吃什么和怎么吃的营养补剂问题。针对这些诉求，企业设计了个人营养问卷，内容包含个人身体基本状况、营养目标、生活方式和习惯等。用户通过填写个人营养问卷，最终确定适合自己的营养补剂方案。

在品牌营销方面，除了日常会开展大量的营养教育科普活动，LemonBox 还提供了极其细致和透明的营养成分表，以此建立消费者对品牌的信任感。在 LemonBox 推荐的每个维生素页面上，消费者都能找到如下详细信息：功效、营养科学评级、营养成分、生产地及安全认证、食物来源、百科、注意事项等，甚至是参考文献都会一一标注出来。

因为一个全新单品的打造涉及很多内容，所以极致单品的打造并不是一个简单线性成长的过程，背后需要大量的数据沉淀，包括大量的测试和用户调研反馈、对市场洞察的积累等。在此基础上，企业通过最小可行性产品（minimum viable product，MVP）的打造，以及传播、渠道运营测试，对产品进行调整和升级，打造极致单品，如图 4-3 所示。

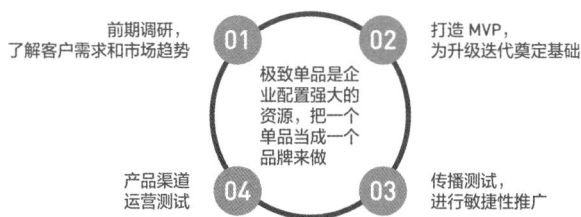

图 4-3　极致单品实验方法论

前期调研，了解客户需求和市场趋势

为什么很多新锐品牌能够出道即"爆款"？因为这些品牌从一开始就深入市场进行研究，通过用户研究和数据分析，从中找到了最契合市场趋势的产品。笔者认为，任何一款极致单品的打造，都应该从市场调研开始。企业通过对市场进行全方位的调研和分

117

析，获得一个概念，还要与市场高度匹配，才能赢得用户。

每日黑巧的两位创始人在打造这个品牌之前，经营过一家代理进口零食的销售公司。在 6 年的时间里，他们逐渐建立起完善的国外供应链体系，同时也积累了大量的市场洞察经验。

经过长时间的市场洞察，他们敏锐地观察到主打健康化的功能性巧克力在国外市场的兴起。比如，日本乐天公司主推维持肠道健康的巧克力，格力高主推可抑制身体对糖和脂肪吸收的牛奶巧克力。与此同时，他们也发现在国内进口巧克力中，可可含量更高的"黑巧"更受消费者的欢迎。这意味着国内消费者对于健康巧克力产品的需求旺盛，而且存在一定的市场上升空间。

于是每日黑巧的团队果断切入这个细分品类，利用过去积累的供应链资源与高效的巧克力工业体系，开始研发和生产自己的黑巧产品。考虑到目标消费者对于低糖、低热量的追求，每日黑巧对传统产品配料进行创新迭代，精准满足消费者的潜在需求。最终，每日黑巧打破了消费者对于巧克力的传统认知，上线两周就卖出 3 万单，成立一年就营收过亿元。

打造 MVP，为升级迭代奠定基础

MVP 是最简单的产品，也是能够满足消费者基础需求的基本产品。在实际经营中，MVP 的打造通常可以分为以下四个步骤。

第一步，快速启动。当企业发现足够大的市场需求后，要快速打造 MVP，不必很完善，而是要尽快进入市场。

第二步，快速与种子用户建立联系。在 MVP 上线后，企业可以多在用户社区介绍产品功能，建立专业形象，吸引种子用户。所谓种子用户，是指愿意尝试新产品，愿意为产品提供使用报告或反馈相关建议的目标用户。

第三步，与种子用户深入交流。企业应及时响应种子用户的需求，尊重并积极落实种子用户的建议，从用户的角度出发，判断产品能否真正解决用户痛点。

第四步，快速迭代，让产品更强大。在收集到种子用户的需求后，企业应按优先级排序，进行开发。在 MVP 阶段，产品的迭代速度可以更快点，让种子用户能够明显地感受到产品的迭代速度。这样做，企业可以在用户心中树立良好的企业形象和品牌印象。

汽车企业在开发新产品时，通常会从社群、公司所在地、员工亲朋好友以及合作单位中，挑选一些有购买意愿，且具备购买力的个人或企业，作为种子用户。汽车企业会通过各种渠道和方式收集用户对于新产品的想法，甚至会邀请部分种子用户加入产品的开发环节，参与新车模型的打造。在新产品出厂后，汽车企业也会邀请一部分种子用户进行试驾和体验，并再一次收集用户的反馈，作为后续产品升级迭代的参照。

传播测试，进行敏捷性推广

所谓传播测试，简单来讲就是向种子用户宣传概念、卖点、愿景，让他们相信企业的产品可以帮助其实现目标。之所以选择在种子用户群体中进行传播测试，一方面是考虑测试的敏捷性，种子用户人数较少，且对产品有一定的基础了解，更容易得出准确而有效的反馈；另一方面是种子用户在体验过产品后，作为直接参与产品设计的人，会有主动分享的意愿，能够为企业带来优质的客户资源。

针对种子用户圈层化的特点，在进行传播测试时，企业也要多平台分享产品的传播素材。在内容设计上，首先是对产品的解读。企业应根据新产品的定位，选择合适对标的竞争对手，创造一种独特的、差异化的优势。这样的内容能更有效地影响种子用户。其次是提出价值主张，传播独特卖点。当然，打造简洁有力、引人注目的价值主张的关键是从种子用户的角度出发进行思考。

在实际执行中，大家可以参考笔者总结的"品牌传播测试自查清单"，其中包含以下 8 个主要问题。

- 让种子用户最头痛的 3 个问题是什么？
- 种子用户需要的产品共同特征是什么？
- 种子用户在谈论这些问题时经常使用哪些词语？
- 种子用户最喜欢产品的哪些功能？
- 这些功能给种子用户的工作和生活带来了哪些变化？
- 对种子用户而言，哪些传播语句能满足他们的自我实现需求？
- 种子用户青睐的产品包装需要注意什么要素？
- 外观视觉上，什么最吸引种子用户的目光？

产品渠道运营测试

在种子用户群体中进行传播测试，从某种程度上属于"私域测试"。要从这个阶段过渡到正式线上大范围推广，还需要通过渠道运营测试，判断新品是否达到规模化生产的标准，同时确定最合适的渠道，根据用户在不同渠道上的消费行为，优化渠道的运营。

面对自己所在消费领域激烈竞争而涌现的"新口味""新惊喜"，很多新消费品牌会通过测试确定产品口味和卖点。其实，这种方法同样适用于产品渠道的运营测试。

企业通常会组织一批目标消费者进行调研，比如提供多种不同类型但与品牌理念一致的产品，让目标消费者选择自己的偏好，发现受到广泛欢迎的产品形态后，企业就会将其作为自己的产品研发方向。

在产品包装方面，也同样需要测试。比如企业设计了 15 种不同的包装进行测试，将目标消费者最爱的设计方向作为决策依据。

这样测试产品和包装的过程，也是渠道运营的测试。根据不同类型产品的销售数据和客户反馈数据，企业可以准确地判断哪些产品已经得到市场的认可，可以大规模生产；哪些产品尚不完善，需要继续测试并优化。

传播测试也好，渠道测试也好，其根本目的是降低产品设计失误的概率，确保产品在上线后能够得到市场的认可。测试的过程也是明确产品升级方向的过程，企业通过一系列测试，可以从客户的反馈中找到产品改进及升级的路径。

在实现短期成功的过程中，打造极致单品是企业首先要实现的目标。只有拥有了极致单品，企业才能考虑用户的运营以及品类的塑造。

> 在很多业内人士的眼中，创立于2014年，年轻的童装品牌PatPat能够成功打开海外市场并取得不错的成绩，主要依托于企业在算法和数字化营销方面的优势。实际上，具备极致竞争力的产品才是PatPat崛起的基础。
>
> PatPat有三个品牌关键词，分别是省钱（save big）、分享优惠（share more）、质量保证（be sure），这三个关键词已经准确地告诉了我们，它的产品极致在哪里。
>
> 首先是极低的价格。PatPat的目标客户是中低收入家庭，其产品价格大多数在8~12美元之间，远远低于其他品牌的童装价格。
>
> 其次，在极低价格的基础上，如果用户愿意为品牌和产品进行社交分享，就可以获得进一步的优惠。比如在PatPat App上，有一个单独的板块叫"Pat Life"，用户

123

可以在这里分享自己的内容，表达"晒娃欲"和"分享欲"，同时还可以获得兑换奖励的积分。

最后是产品的质量有保证。借助国内供应链天然的价格优势，即便产品价格已经定得很低，PatPat 依然可以提供高质量的产品。而且，成熟的供应链也给产品带来了更多差异化的设计和更快的上新速度，消费者可以不断购买到足够时尚、新潮的产品。正因如此，PatPat 品牌才被称为童装界的快时尚品牌。

极低的价格、充足的优惠，加上出众的质量，PatPat 的产品竞争力已经做到了极致。但它们并不满足于此，借助数字化工具，PatPat 敏锐地发现了童装品类中尚未被开发的卖点——可爱。在大多数海内外童装品牌还在关注质量、舒适和定制化的时候，PatPat 以"可爱"作为核心卖点，进一步提升了产品竞争力。

极致单品，意味着产品具备极致的竞争力，是品牌打开市场，立足于市场的保障。

超级用户：
与有限的用户共创更多的品牌价值

在很多文学作品和影视剧作品中，都有"超级英雄""超级明星"这样的词语，"超级"两个字总会让人觉得很兴奋，因为它大概率意味着很厉害的好东西。同理，超级用户也与普通用户不一样，他们对企业更重要，贡献价值更大。

超级用户的非凡价值

所谓超级用户，指的是企业的客户群体中，对产品研发、用户增长、品牌建设、盈利提升起关键作用的一群人。对消费品牌来说，超级用户的商业价值主要体现在以下两个方面。

125

直接创造的价值

超级用户是产品的重度用户，有着重度需求，复购频率比普通用户的高。超级用户的消费能力通常也比较高，他们不会过分关注企业有没有折扣，等到有优惠时才消费，而是按照自己的意愿购买产品。

更重要的是，超级用户往往对品牌有着较高的忠诚度，而高忠诚度意味着高顾客份额。比如，你上一年在网络购物方面消费了4万元，其中在天猫平台上消费了2万元，天猫平台上的产品就占据了你50%的顾客份额。一般来说，品牌会占据超级用户极大的顾客份额，而超级用户也更愿意为产品或品牌买单。

当然，超级用户对品牌的忠诚并不是与生俱来的，而是靠企业的持续运营逐渐提升起来的。超级用户不会像普通用户一样，遇到一些产品问题就一言不发直接投入另一家店或者其他品牌的怀抱。相反，他们会提出意见、建议，甚至直白的批评。如果企业善于利用这些反馈意见，不断优化产品和服务体验，就能在无形之中提升企业的竞争力。

间接为企业带来的价值

超级用户不仅是超级消费者，还是品牌的超级传播者。他们通常愿意主动将品牌分享给自己的朋友，借助自身的影响力，将品牌的信任链路打通至用户端，让产品感知更具效率，为极致单品的开发和迭代提供建议与支持。

同时，超级用户也可以让传播更贴近广大用户，借助圈层文化，维系品牌社区里的社交氛围。更重要的是，超级用户是品牌最好的传播 IP，可以让品牌更具爆发力，加强内容共创和文化共创。美国营销专家尼古拉斯·克里斯塔基斯（Nicholas A. Christakis）在《大连接：社会网络是如何形成的以及对人类现实行为的影响》一书中提出了"三度影响力"的概念。他认为，一个人对处于三度以内的人是有影响力的，并且能够引发他们的行为。

> 以你为中心，好友 A 是你的一度关系，好友 A 的朋友 B 是你的二度关系，B 的好朋友 C 就是你的三度关系。当你向 A 推荐一本书，A 购买的动力是 50%，B 购买的动力是 25%，C 购买的动力 12.5%。对 C 的朋友，你的影响力就几乎没有了。

因为超级用户与企业之间拥有较强的联系，所以企业可以对超级用户产生直接而有效的影响力。超级用户足够认可品牌和产品，所以他们本身也愿意主动分享，去影响自己的强关系朋友。

在现在的市场上，很多企业在经营中信奉流量思维，希望通过寻找新用户，获取低成本流量，以此实现销售增长。实际上，对今天的企业来说，超级用户思维才是更实用的经营理念。

超级用户思维是以用户为中心，通过不断提供优质产品、服务和体验留住老用户，从而创造二次复购，激发用户口碑带来新用户的增长。它的核心与私域流量一样，是客户经营，是对客户关系管理精细化的运营。

超级用户思维可以让企业意识到生命周期总价值[①]（life time value，LTV）的重要性，从而主动向精细化运营转变，提升用户利用率，改善企业和用户的关系，成就品牌的良好口碑。

关于客户终生价值，市场上有很多不同的解读，在笔者看来，客户终生价值主要包括三个方面：一是历史价值，即客户截至目前已经贡献的价值；二是当前价值，是指客户在未来的一段时间内能够给企业创造的销售价值；三是潜在价值，是指客户除了购买产品，还能用其他方式为企业创造的价值，如推荐新客、帮助推广等。企业运营超级用户，其实就是基于历史价值，深挖客户的

[①] 生命周期总价值，又称客户终生价值，是公司从用户所有的互动中所得到的全部经济收益的总和。该概念通常被应用于市场营销领域，用于衡量企业客户对企业所产生的价值，被定为企业能否取得高利润的重要参考指标。

当前价值和潜在价值。

更重要的是,超级用户在企业用户总数中只是少数部分,通常占比不超过 20%,但他们却能贡献 80% 的利润。从利润最大化的角度出发,企业只有把更多的精力和时间花在更重要的超级用户身上,才是高效的资源配置。

不同形态的超级用户,需要不同的运营策略

对于一个从 0 到 1 再到 N 的品牌来说,超级用户是没有"起点和终点"的。反而是品牌处于不同阶段,超级用户的形态和作用不同,称呼也不同:他们可能是种子用户、关键意见消费者(key opinion leader,KOC)、品牌大使,如图 4-4 所示。所以在品牌实战中,企业在运营不同形态的超级用户时,也需要不同的运营策略。

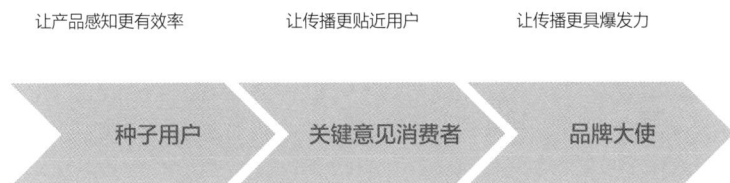

让产品感知更有效率　　　　让传播更贴近用户　　　　让传播更具爆发力

种子用户　　→　　关键意见消费者　　→　　品牌大使

图 4-4　超级用户的不同形态及作用

实现短期成功,为打造长期竞争力奠定基础

种子用户

种子用户对产品的整体认同感较强，会经常向企业反馈使用心得、市场信息。这部分人群以情感驱动为主，喜欢分享，能主动传播产品，在某个领域中是潜在的"意见领袖"。

针对种子用户，企业要加强认知渗透营销。企业需要结合用户洞察及产品使用反馈，优化迭代产品，实现第一批种子用户营销内容传播，内容可以侧重于品牌功效、卖点的种草感知效率，影响目标群体认可产品并做出购买决策。

> 2012 年 4 月，内衣品牌"内外"诞生。但该品牌并没有从一开始就进行产品的研发和生产，而是赞助并创办了一个名为"她说"的女性公益论坛。它们邀请行业里较为知名的女性讲述自己的人生故事，唤醒女性的自觉意识。公益论坛每两个月举办一次，每次场地容纳 200人，连办了 6 场，吸引了一群喜欢这个理念的女性，而内外品牌也获取了第一批来自金融界、广告圈、艺术圈的种子用户，并在这群人中建立了品牌的基本辨识度。
>
> 品牌顾问彭萦曾在"她经济研究所"中说道："如果你想要你的品牌与众不同，就要保证你的前 1000 名用户

的调性也是与众不同的。"内外的第一批种子用户，也就是用论坛内容吸引到的高知女性恰好属于此列。

种子用户的参考意见，成了内外的第一款产品的助力，为企业赢得了一大批忠诚的女性客户。

关键意见消费者

关键意见消费者具备内容创作能力，能够在一定程度上影响其他用户决策。对他们而言，体验价值大于专业价值，他们能够给用户信任感，具备带货能力，有一定的转化率。通常情况下，关键意见消费者会利用一些生活化、兴趣化的内容，为品牌宣传，扩散产品及品牌内容的真实感，从而影响其他用户做出购买决策。

针对关键意见消费者，企业可以加强情感传播。企业可以基于关键意见消费者对产品与品牌主张的认可，利用赏筹活动激发用户复购、种草；同时，引导用户对产品与品牌口碑进行分享，引发新用户的关注和讨论，提升转化率。

品牌大使

品牌大使能够赋能品牌传播力，提升品牌的社交影响力。同时，他们还能赋能品牌产品力，与品牌共创产品，在社交媒体发布个人见解，获得广泛认可。拥有丰富资源的品牌大使可以帮助品牌实现用户拉新与运维，赋能品牌组织力。他们也能借助丰富的渠道资源、带货资源，帮助产品及品牌促成销售，赋能品牌销售力。

品牌大使往往会通过打造个人IP，创造营销话题的方式，最终输出能够提升知名度、口碑、互动率、销售转化率的内容。

作为新兴的DTC品牌，露露乐蒙从一开始就清晰地认识到了如今年轻消费者对于品牌的营销宣传活动兴趣不大。它并没有像其他传统消费品企业一样，通过铺天盖地的广告和知名的代言人去影响消费者，而是选择以社群运营的方式连接用户。

从1998年温哥华的第一家门店开始，露露乐蒙就同时具备瑜伽体验馆和服饰零售店的双重作用。20多年来，露露乐蒙每到一个全新的市场，从来都不急于打开销路，而是通过一些免费的体验活动，比如瑜伽体验课，吸引目标客户进入品牌社群。然后，露露乐蒙会通过和社群当中的KOL和KOC进行合作，将他们打造成品牌大使，即品牌在社群中的代言人，并且借助他们对其他社群成员的影响力，实现产品的种草与销售。

为了保证品牌大使能够有效吸引用户，成功带货，露露乐蒙在品牌大使的选择上非常谨慎。在初步接触后，露露乐蒙会对品牌大使开展为期半年到一年的考察，考察合格后，露露乐蒙才会真正和品牌大使敲定初步的合作意向。之后，露露乐蒙会邀请品牌大使到公司参与培训，并根据品牌大使在内部员工课程上的考核成绩，以及在外部用户社群活动中的表现，进一步确定是否进行合作。通过全部考核的品牌大使，露露乐蒙会与其签订正式合约，但合约期只有一年，一年后双方会再次商议是否继续合作。这样做，一方面是为了确保品牌大使的营销效果，另一方面是为了避免社群用户审美疲劳，失去信任。

在品牌大使策略的支持下，虽然露露乐蒙从来不设市场部，且从不打广告、不找名人代言，却成功地实现了销量的持续增长和品牌资产的不断累积。截至 2020 年，露露乐蒙市值已超过 400 亿美元。

在和品牌大使的合作中，在品牌层，企业要加深品牌圈层文化及价值观共创，在目标客户中树立良好的品牌形象；在产品层，企

133

业要邀请品牌大使深度参与产品迭代，赋能销售；在营销层，企业需要与品牌大使合作，加强内容产出，积累长效内容资产，并能圈层化、规模化地与目标用户产生连接。

不同阶段的超级用户，需要不同的培养策略

前文已经提到，超级用户不是天生的，而是企业通过运营逐渐培养出来的。那么不同形态的超级用户，应该采用什么样的培养策略呢？

培养种子用户，让产品感知更有效率

作为产品的重要试用者，企业需要收集种子用户对产品的反馈信息，同时提供极致的品牌服务体验，加强品牌互动，利用多元化的活动奖励种子用户，调动种子用户参与产品迭代的热情。在必要的时候，企业可以给予种子用户特权，体现种子用户的特殊性。企业应优先考虑这群超级用户的反馈和需求，这样就能调动他们参与产品优化、迭代的积极性，增加他们对品牌的忠诚度。

> 以童装品牌 PatPat 为例，为了了解目标用户——美国妈妈，PatPat 的创始人王灿在 Facebook 上创建了一个由

200 多位妈妈组成的种子用户群。这些种子用户来自各行各业，并且都是母婴电商网站和线下商场的常客。她们熟悉美国市场，了解自身需求，能够帮助 PatPat 发现很多问题，并提供建设性意见。

在种子用户的帮助下，PatPat 发现海外家长习惯于根据身高为孩子选择服饰。了解到这一点后，PatPat 在网站上提供了详细的尺码表和服装分类，从 0 ~ 3 个月、3 ~ 6 个月、3 ~ 4 岁，一直到 12 岁的孩子，家长们都能快速找到合适的服装尺寸。

当然，种子用户给出建议后，PatPat 会用一些折扣和打折券来回馈她们。这不仅有利于社群的运营，还可以刺激她们在 PatPat 上进行二次消费。

在培养种子用户阶段，企业主要的传播渠道就是自己的私域流量池。企业要借助品牌私域主阵地，与种子用户形成强关系链接，加强互动，获得用户的认可。

培养 KOC，让传播更贴近用户

关于 KOC 的培养，企业一方面要打造小范围的圈层文化，提供线下互动的机会，让 KOC 交流沟通，提升品牌文化社交氛围；另一方面，也要在线上实现常态化的营销内容共创，让 KOC 有发声的特权。

首先，企业应在品牌与 KOC 之间建立强连接关系。比如，企业可以为 KOC 提供一对一的客服服务，这样既能够及时解答超级用户的问题，也能使其获得良好的互动体验。其次，企业在进入社群日常运营与维护时，应制定社群活动及话术风格，调动 KOC 的参与积极性及活跃度。再次，企业需要鼓励互动共创，通过创新机制引导 KOC 自发参与共创活动。最后，企业通过 KOC 裂变，形成稳定自发的 KOC 矩阵。

2020 年 7 月 24 日，五菱宏光 MINIEV 正式上市，开启了出行"小时代"。原本预想的是该车系的上市可以取代低速电动车，填补老年代步车的市场空白。令人意外的是，该款车上市不久后，在大众公认年轻人种草平台——小红书上不断有女性车主晒出自己改装的宏光 MINIEV，同时内容中更是客观地分享自己的用车心得和对该款车优缺点的点评。进而，这些车主拥有一个共同的名字——五菱盟主。

五菱宏光 MINIEV 之所以能够在社交媒体上得到广泛传

播，得益于合理的 KOC 培养策略。首先，五菱通过主动筛选、官方引流，引导广大车主成功添加了 IP 客服号（小菱），并通过发布与 MINIEV 相关的话题活动，吸引用户关注并引导其进入品牌 KOC 体系。

其次，五菱官方会针对 KOC 提出的问题，积极沟通，阶段性地引导用户参与活动，并建立 KOC 资料库，明确用户标签，加深相互之间的了解。

然后，五菱会按照 KOC 的互动频次，对 KOC 进行分层运营，并通过游戏互动（福利小游戏 / 破冰游戏）、咨询反馈（客诉跟进 / 用车咨询）、用车分享（车辆保养技巧 / 车载好物分享 / 优质改装案例）等方式培养与 KOC 的深度信任。在此过程中，企业完成销售转化的同时，也是为了寻求建立合作关系的契机。

最后，与 KOC 建立合作关系后，五菱还会引导用户裂变，在扩大潜在意向用户群体的同时，扩大传播覆盖面。

在线上，已经建立合作关系的 KOC，会根据自己的真实使用体验与品牌服务所产生的好感，通过分享种草、

实现短期成功，为打造长期竞争力奠定基础

用户裂变、真实评论，带来更多潜在消费者及真实消费需求。当然，为了让 KOC 的种草和裂变更加高效，五菱也会把握品牌节点事件，引导 KOC 发声，在车主圈层提升品牌事件的影响力。同时，五菱还会搭建宏光MINIEV 粉丝社群，通过视频等形式层层传递品牌文化、企业文化、服务理念等，借助社群内外的人际关系链，传播品牌文化，实现广大用户对品牌精神的认同和共鸣。

除此之外，五菱还邀请了 KOC 参与到产品、服务、衍生品开发等过程中。在获得车主认可的同时，五菱可以进一步了解圈层潜在消费者的需求，寻找产品销售二次增长的机会点。

在线下，五菱会组织不同形式的活动，让 KOC 切实感受到五菱出色的服务。借助这种信任感，五菱让 KOC 对自己的传播行为产生荣誉感，从而加速品牌文化的传播，形成开放的商业闭环。

如今，传统企业都在寻找一种能快速实现企业与品牌快速破圈传播的方式，而与目标消费者建立联系的内容营销是最有效的方式之一。五菱联合知家快速组建"车主 KOC 运营"团队,从小红书平台切入,用"五菱师妹"——小菱的形象寻找"五菱盟主"。利用上述的 KOC 养成机制,五菱建立了私域用户运营体系,打造了具备深度黏性的五菱宏光 MINIEV 粉丝圈层,常态化共创品牌与产品内容。同时,五菱在 KOC 私域运营中实现了从老车主裂变新粉丝到新粉丝提车,再到新车主成为新晋 KOC 的闭环。

五菱还通过"用户媒体化,媒体用户化"的策略,引入多频道网络平台化运营模式,构建了品牌用户的粉丝经济圈,最终建立覆盖全车型全平台的用户矩阵,首创汽车行业的用户共创传播推广运营模式:品牌让用户自带流量,用户为品牌创造价值。

在不到半年的时间里,宏光 MINIEV 车主助力五菱在小红书品牌搜索排名中跃升行业首位。五菱相关车主笔记在小红书汽车类目全年份额占比从 0.3% 上涨到 4.3%,五菱车主成为最热的汽车 IP 之一。

基于这种 KOC 培育模式,截至 2021 年 12 月底,"五菱车主 KOC 千人十亿工程"虽然仅有 1000 多位深度 KOC 车主,但产出的真实内容传播量却高达 10 亿之多。

实现短期成功,为打造长期竞争力奠定基础

在抖音、小红书、B站、快手、汽车之家、头条等主要新媒体平台上，覆盖粉丝超过 5000 万。

培养品牌大使，让传播更具爆发力

针对品牌大使，企业一方面要加强产品共创，搭建受更多用户欢迎的产品矩阵；另一方面要帮助品牌大使发展个人 IP，共同搭建多元融合的传播内容、方案和平台。同时，企业应赋予品牌大使销售产品的特权，借助他们粉丝的力量，增加销量。在培养品牌大使的过程中，企业应以线上新媒体平台和线下社群活动为主，融合多圈层粉丝，实现裂变式传播。

品牌大使虽然有自己的私域流量池和营销能力，但作为品牌方，企业也要充分发挥自身平台的价值，赋能品牌大使的个人成长，通过科学化的筛选和管理流程（筛选、评估、内容定制、发布追踪、沉淀、推荐、淘汰），打造社交代言人，调动他们的内容创意设计，打造多元化融合传播。

在新冠肺炎疫情期间，很多人开始了居家健身大计。用过 Keep 的人都知道，平台上的优质内容创作者，不仅是专业的健身教练，更多的是各种素人出身的达人。达人"红"了，Keep 为他们做了什么？

Keep 在"2021Keep 创作者盛典"上公布了其对达人的赋能计划——万人伸展计划，向更多的健身达人、内容创作者抛出了橄榄枝。首先，Keep 将对全网、全品类、全阶段的内容创作者开放专项扶持；其次，对个人来说，不管你是创作新手、有一定基础的种子创作者还是已经做出成熟作品和个人影响力的实力创作者，Keep 都有相关的赋能计划；最后，Keep 还能满足"红"人们在流量、商业变现和证书培训等多个方面的"刚需"，保障运动达人们在 Keep 上的创作环境和成长空间，堪称面面俱到。

甚至，Keep 还为创作者设立了一个"创作者学院"。在该学院中，线上有专人对内容设计进行一对一辅导；线下会固定举办头部双月线下沙龙，创作者能与头部达人、内部官方课程设计师和用户研究分析师直接交流。同时，Keep 联合专业培训机构，压缩了线下培训时间，提高了达人们通过国际健身教练四大认证的效率。

在产品服务部分，Keep 向达人创作者开放了直播产品功能，让其可以参与 Keep 直播课。这样做，一方面能够帮助他们扩大内容声量；另一方面，通过直播这种更有沉浸感和互动性的带练形式可以让达人与粉丝之间的接触变得更直接、更多维、更细腻。

在平台的赋能下，很多"素人"逐渐被培养成 Keep 的品牌大使。达人的走红，也成了平台吸引用户的竞争力。在成就内容创作者的同时，Keep 也成就了自己。

超级用户的培养，其实就是针对超级用户的深度运营，当企业为客户创造更多价值的时候，客户自然也会向企业回馈一定的价值。这是一个互惠双赢的过程。

品类王者：
打造细分领域"消费者首选品牌"认知

《品类战略》一书中曾经提到这样一个观点："品牌竞争的实质是品类之争。"比如，宝马与奔驰的竞争，实质上是窄小、灵活的驾驶机器与宽大、气派的乘坐机器之间的竞争；百事可乐与可口可乐的竞争，实质上是经典可乐与新一代可乐之间的竞争；茅台与五粮液的竞争，实质上是传统酱香型高档白酒与现代浓香型高档白酒之间的竞争；鲁花与金龙鱼的竞争，实质上是花生油与调和油之间的竞争。

品类不同于品牌，它没有炫目的个性，更多反映的是事物的共性。当我们在营销领域集中研究消费者心智中这种发生了质变的类别定义时，发现了其中最为显著的也最为重要的规律——心智共识。简单来讲，消费者对多种事物、多种商品或多个品牌背后，某种共同资源的集中认同，形成品类。品类名是品类存在的标志，产品贴上商品的标签由此打开商业的大门，品类因此具备了相应的商业价值。品类名不是我们臆想发明的，它需要群体产生心智共识。顺应心智共识定义企业产品的品类，由此启动的项目、创新的产品、构建的品牌才会成功，才会有生命力。

先有品类，后有品牌。在没有品类认知基础的情况下，品牌很难单纯依靠营销和宣传活动，建立特定的品牌形象。实际上，完整意义的品牌应该包含两个部分：品牌名和品类。品牌名和品类产生关联，联系在一起才能完成品牌的创建。在营销中，同样的逻辑，企业不仅要宣传自己的品牌，更要将品牌和特定的品类进行锁定，让消费者一想到某种产品，就会联想到企业的品牌。

过去，企业营销针对的是自己的品牌，一般都是通过广告宣传的方式，提升品牌的知名度，广而告之。而品类时代的营销，核心以成为潜在用户心中的品类代表为目标，通过把握商业发展趋势，发现品类机会，成为消费者心中的品类代表，并推动品类发展，不断进化，最终主导品类，创建真正强大的品牌。就像《定位》一书中提到的："实践证明，第一个进入人们心智的品牌所占据的长期市场份额通常是第二品牌的2倍，是第三品牌的4倍，而且这种比例关系不会轻易改变。"

了解品类发展阶段，寻求"王者"机遇

品类的细分看似企业的主动选择，但最终能否成功，还与品类发展的阶段息息相关。在真正进行品类细分操作之前，企业有必要先了解一下品类演进的历程，寻找品类机会，抓住成为"王者"的机遇。

一个品类从诞生到发展成熟，通常可以分为五个阶段：启动前期、启动期、成长期、成熟期、变革期。

品类启动前期

品类启动前期通常会呈现两种不同的状态。第一种状态，品类所满足的基本供求关系还没有在消费者心中形成集中认同，消费者对品类名并未达成共识。在这一时期，消费者对于品类信息较为匮乏，吸收的大部分是产品信息。这种状态，我们称为"有品牌，无类别"。第二种状态，有些品类历史久远，但品牌的需求并没有被充分挖掘，类别名称扮演了品牌的角色。这种状态，我们称为"有品类，无品牌"。

> 作为全球最大的产茶国和茶叶消费大国，我国几千年的种植文化和工艺传承打造出了很多名茶。但消费者在购

145

实现短期成功，为打造长期竞争力奠定基础

买茶叶类产品时，往往是根据品类来选择，如红茶、绿茶等，很少有人会直接选择品牌。直到小罐茶等品牌出现后，这种"有品类，无品牌"的状况才得以改变。

品类启动期

当一个品类名开始被认知、识别并传播时，这就意味着这一品类即将进入启动期。这一阶段，品类名形成共识后传播效率极大提升，传播成本大幅降低，基本供求关系已经形成，品类规模增长。

王老吉凉茶一开始是通过打造预防上火饮料的新细分品类，成功切入市场的。因为是全新的品类，王老吉首先在有凉茶消费基础的两广地区集中发力，以消费火锅和辛辣食物的商务人士作为目标群体，很快就打开了市场，同时也提升了品类及品牌的知名度，从而让产品被更广大的顾客群体接受。

品类成长期

处于成长期时，品类高速成长，品牌却极为分散。这一时期，消费者对解决方案认知较为充分，低价策略被消费者快速接受。由于价格杠杆降低，品类规模会更快被拉升，但是企业利润率会急速下降，进入低层次竞争的恶性循环。

> 小家电品类经过多年的发展，品牌百花齐放，但并没有角逐出品类中的绝对头部。在这个阶段，很多创意小家电品牌通过推出性价比更高，并且具备各种全新功能的产品，比如养生壶、空气炸锅、智能蒸锅等创新产品，成功地切入了市场。在引领消费需求的同时，创意小家电产品种类的增加，也丰富了原有的小家电品类。

经过低层次竞争的洗礼后，品类进入成长后期，由于品类信息较为繁杂，消费者开始用品牌来简化品类信息，对品牌的需求逐渐迫切。

品类成熟期

这一阶段，市场格局已经稳定，品牌排序基本确立，品类会进入较长的稳定期，品类整体规模稳中有降。这一时期的品牌依然需要保持与同品类其他品牌的良性互动，以保持品类活力，同时需要不断优化现有解决方案。

> 经过长期的市场洗礼，豆浆机这个品类已经发展到成熟

147

期。在细分品类下，九阳等头部企业的优势地位已经确立，其他品牌的市场占有率也基本保持稳定。在这一阶段，为了确保品牌的良性发展，一方面，企业会对产品技术进行升级，比如将免过滤少渣升级为免过滤无渣，在原来的时间预约基础上增加温度预约功能，并引入破壁技术、无刀等新技术。另一方面，企业也会从营销方面入手，开展形式更加丰富多样的促销活动，强化自身的品牌形象。

品类变革期

随着品类成熟度不断提升，人们对于品类的需求以及认识进一步升级，此时品类进入变革期。变革会出现两个方向。

第一，品类自然裂变产生品类细分。品类细分是对原有品类进行细分优化，衍生出子品类，子品类将继承母品类的核心属性，同时又会新增属于子品类的基本核心属性。

第二，品类因为技术变革或观念变革产生了品类弯道。品类弯道会颠覆现有品类提供的基本供求关系，是一种全新的解决方案，并且会直接影响原有品类的品牌排序。

综上所述，成为品类王者的机遇就在变革期，企业需要紧紧把握变革的两个方向。

品牌细分下的王者诞生

品类细分的核心动力是消费者的需求无法得到充分满足。成熟的品类面对特定需求以及个性化需求，不得不进行优化、裂变、细分。从消费者需求的角度出发，品类的细分可以从三个方向入手：功能细分、人群细分、场景细分。

功能细分

在市场充分竞争过程中，品类信息被不断生成的营销概念集中发酵，导致人们愿意将其中一些功能点、利益点进行区分，形成新品类。针对产品功能的细分，消费者从自身的需求出发，可以清晰地感知到。

> 蛋白棒一直被认为是比较小众的品类，是健身人群在运动前后用于补充蛋白质的食物，或者追求纤细身材的人群的代餐食品。然而某蛋白棒品牌F并未沿袭这种传统的产品定位，而是迎合了年轻人追求"正餐零食化，零

食健康化"的潮流，通过一系列的营销内容，将产品塑造成了一种"身材管理"的辅助产品。

与普通产品不同的功能定位，使得 F 快速出圈，得到了很多年轻消费者的青睐。2020 年是 F 推向市场的第一年，其主推产品之一的蛋白棒全年卖出 1050 万根，平均每 3 秒就能卖出一根，总销售业绩达到 1.17 亿元，成立第一年就进入了"亿元俱乐部"。2020 年"双 11"期间，F 在天猫"蛋白棒及棒类代餐销售额"、小米有品"代餐食品类销售额"、京东"蛋白棒销售额"等多个榜单中，销售额均名列前茅。

人群细分

除了产品自身的功能，企业也可以根据不同消费群体的需求，进行品类细分。简单来说，就是根据某个特定消费群体的个性化需要，有针对性地调整产品和服务。

第一财经商业数据中心发布的《2020 年轻人群酒水消费洞察报告》显示，近一年来，女性消费者不断涌入线上酒水市场，"她力量"在年轻一代酒水消费者中更显著：从不同性别消费人数的占比看，"90 后""95

后"的女性消费者基本与男性持平。闺密聚会、朋友社交是女性消费者消费该品类的高频场景，加上影视剧推广，有品质、有调性、有颜值的酒水受到女性消费者的喜爱。

针对年轻女性群体，B厂家开发了一款新产品。在酒的瓶型上，B选择了特别的小方瓶，据称其灵感来源于香氛，高颜值的同时保留了一份专属的独特。B的创始人表示："目前中国80%的低度酒都是被女性群体消费了，我们一开始就认清了这一点，将该款产品定位为女性低度酒饮料品牌，希望一开始就更精准、更细分地切入市场，小步快跑，优先满足消费升级带来的一大批年轻女性用户，为中国人创造属于自己的酒精饮料品牌。"

场景细分

随着生活、工作场景的多样化，同一个产品，在不同的消费者手中，需要具备应对不同场景的能力。随着产品应用场景的增加，场景变成了品类属性和品类特征之一，由此出发也可以进行品类的细分。

笔者之前关注过一个燕麦饮品品牌O。一开始关注它的原因是该品牌成立仅仅 5 个月，就获得了数千万元的两轮融资。但关注它之后，笔者慢慢发现，该品牌在场景细分方面做得非常出色。

O 主打的燕麦饮品，瞄准主要成分"膳食纤维"的特性，在自有公众号、抖音、小红书上投放了很多围绕"膳食纤维"的营销内容。通过一系列的内容运营，O 成功培养了用户的功能性认知和场景感。用创始人自己的话说："通常，一提到保健品大家会想到汤臣倍健，我们也想做在膳食纤维上有话语权的燕麦品牌。"

为了进一步将产品的应用场景固化下来，O 把早餐场景中的豆浆作为自己的代替选项。为此，O 团队会定期举办线下社群活动，分享关于"早餐为何应该吃燕麦"的相关内容，现已连接周边的私域 200 多人，明年预计在线下连接两万人，让"早餐吃燕麦"这个场景润物细无声地影响用户。

品类的细分，归根结底就是从大而化之的基础需求中抽离出来，深度关切消费者更高层次、更具体的个性化需求。当然，在具体细分的过程中，除了消费者的需求，企业要关心自身的产品特性，不能为了细化而舍弃自身的独特性，更不要选择自己不擅长的领域进行品类的细分。

品类弯道下的王者之战

前文提到，品类弯道通常由技术变革、观念变革触发。那么，技术变革和观念变革是如何颠覆原有品类的？

技术变革一直是品类变革的主旋律，虽然颠覆式技术性突破发生频率并不高，但几乎每一次技术突破，都会带来品类的重新洗牌。

与技术性突破不同，认知观念的某些改变所带来的品类弯道更为常见。

环保观念的变革引发了人们对天然、自然的需求回归。环保观念在生活的方方面面开始形成影响，品类弯道屡屡发生。以化妆品为例，纵览19世纪初到20世纪末的两个世纪里，伴随着有机化学和石油工业的发展，有机合成技术空前发达，这为化妆品工业的大发展提供了丰富的原料，在化学合成化妆品统治世界的时候，各大化妆品品牌纷纷标榜自己的工业科技。而在环保浪潮影响

153

下，"汉方""本草""植物""有机"等有关天然的概念成为化妆品一次重大的品类洗牌。

观念变革不只是影响某单一品类，它所涵盖的品类颠覆几乎是最大面积的。正因如此，观念变革所带来的品类弯道时机更容易被企业感知到。要想真正实现品类的细化，在把握机遇的基础上，企业还要将细分品牌、产品中与新观念契合的部分充分展示在消费者面前，并强化这种独特的标签，在消费者心中将自身与某种细分品类结合在一起。

Allbirds 是一款主打舒适和环保的运动休闲鞋品牌。创始人布朗（Brown）将 Allbirds 定位为世界上第一双专为赤脚穿着而设计的羊毛跑鞋。在原料的选择上，Allbirds 以羊毛、桉树和甘蔗等可再生资源为主，几乎没有使用很多产品上常用的塑胶、塑料等难以降解的会对环境产生破坏的材质。

除了品牌名和原料，Allbirds 在营销方面也非常重视环保理念。2019 年的"地球日"（4 月 22 日）当天，Allbirds 宣布成立企业碳基金（Allbirds Carbon Fund），以其对自身征收的"碳税"作为资金来源，以气候中立（Climate Neutral）和 B-Corp 标准为投资准则，为与陆地、空气、能源相关的碳消除项目提供资金支持。

通过品牌名、原料、营销等不同方面环保特性的展示，Allbirds 成功地在消费者心中建立了自身与环保鞋履细分品类的紧密联系。

观念变革所带来的品类弯道，本质上是消费者认知对市场趋势的影响反映到供给端的一种表现。从这个角度讲，品类内部的商业变革导致运营商规则变化，也能够产生某种品类弯道。

在消费升级及产业数字化的推动下，新经济业态蓬勃发展，出现了众多高估值企业。2020 年中国独角兽企业数量再创高峰，达到 251 家，总估值首次超过万亿美元。这些企业打造的商业模式，凭借高爆发、高成长及高创新的特性，成为下一代科技和产业变革的引领者。

以快时尚女装为业务主体的希音主要面向欧美、中东等消费市场。2020 年，希音的营业收入接近 100 亿美元，连续第八年实现超过 100% 的增长。2021 年，希音官方 App 下载量约 7500 万次，超越 Shopee 和 Wish，目前其估值已超过 3000 亿元。那么，希音是凭借什么成长为隐秘独角兽的？

首先，希音定位为低价快时尚品牌，选择了自建网站打造私域流量的发展模式。希音的产品平均售价只有十几美元，而且打折促销活动无时无刻不在开展。在低价策略的推动下，希音成功地打开了美国市场。与此同时，希音也在自建品牌的独立网站，打造属于自己的私域流量池。通过一段时间的积累，希音拥有了很多存量用户，借助用户的社交裂变传播效应，品牌低成本地获取了很多新客户。

其次，希音使用网红经济模式，充分发挥了自身社交电商渠道的优势。希音进入海外市场后，会和当地网红们进行密切的合作与联系，通过 DTC 让产品与消费者产生直接连接。从 2010 年起，希音就已通过 Instagram、YouTube、Facebook 等海外社交电商的渠道寻找网红，用免费的衣服或商业合作的方式换取流量推广和销售转化。截至 2021 年 7 月，Instagram 的 #sheingals 标签下已有超过 90 万个帖子。

最后，"全流程＋高效"的供应链体系是希音成功的保障。希音已经形成自己的全流程供应链体系，包括面料开发、样衣开发、大货生产、品质管理、仓储管理和物流配送。希音还整合了大批碎片化的生产商产能，将其转化成对市场快速反应的能力。凭借自身供应链高效的整合能力，希音进一步升级"快时尚"和"直达消费者"模式，打造的"实时零售模式"，帮助消费者设计自己喜欢的服饰款式。

品类弯道是各种变化所带来的机遇，这也是在提醒企业要时刻关注市场的变化趋势，准确洞察品类发展的风吹草动。

总而言之，当企业可以围绕极致单品、超级用户、品类王者这三点开展市场竞争时，就可以在市场上赢得自己的一席之地。不过，要想将这种优势持续下去，甚至不断扩大自己的市场份额，企业需要不断地研发极致单品、对超级用户持续运营，以及保持品类王者的地位。要想完成这些条件，关键渠道、饱和内容、超级运营是必备的保障。在之后的内容中，笔者会重点对这三方面的内容进行深入解读。

O

HUNDRED MILLION

从
零
到
亿

关键渠道：
新零售 DTC 品牌的
制胜之道

随着互联网数字化技术的发展，尤其以互联网原生为代表的 DTC 品牌与传统头部零售品牌开始凭借互联网思维，探索可直面消费者的线上自营渠道，并对原有线下渠道进行优化整合，希望找到稳定性高、可控性强、运作成本可监测及可迭代的销售渠道。

直面消费者思维
驱动 DTC 关键渠道的
线上线下融合

"渠道为王"的传统零售行业主要依靠经销渠道渗透市场获得营收。但经销渠道稳定性低、用户流失率高、运作成本高等缺点，使得渠道成了一把双刃剑。在这种情况下，越来越多的消费品牌希望通过建设 DTC 关键渠道获得新的增长。

2017 年，露露乐蒙的 DTC 业务占比在 20%~30%。整个 2020 年受新冠肺炎疫情的影响，大量实体门店关闭，截至 2021 年，其 DTC 渠道收入猛增 101%，占总营收的 52%，如图 5-1 所示。我们可以发现，2012~2021 年露露乐蒙的 DTC 业务在稳步增长。可以说，露露乐蒙能够在新冠肺炎疫情防控期间生存下来，同时保持 10.6%

的营收增长，DTC 关键渠道功不可没。

2020 年 DTC 渠道布局获得超高增速

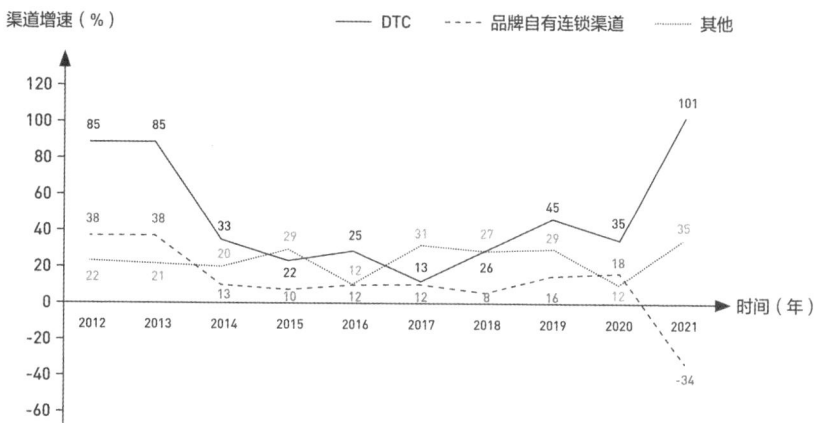

图 5-1 露露乐蒙公司 DTC 关键渠道增长示意图

数据来源：露露乐蒙年度财报，国海证券。

DTC 关键渠道的线上线下融合

布局 DTC 关键渠道，是指企业凭借对"直面消费者思维"的理解与深耕实践，依靠流量红利、产品功能创新与线上线下渠道变革互通的三者共同驱动，让企业 DTC 营收占比不断攀升，进而获得爆发式增长。相对于传统经销渠道，DTC 关键渠道具有以下三大优势。

具备短期打造爆款的能力

DTC 关键渠道贴近消费者，能够快速聚集第一批种子用户，通过高效的客户反馈，短期内就可以验证企业产品的爆款属性，并引爆产品的热度。

为了推广"虎皮凤爪"产品，王小卤和电商平台的头部主播合作，借助电商平台庞大的用户群体和主播的个人影响力，迅速打开了市场，成了网红零食。之后，王小卤开始在微博、抖音等社交媒体上投放内容，进一步扩大了产品的影响力，同时品牌也从不同渠道获取了用户反馈，不断更新迭代着自己的产品，维持产品和品牌的热度。2020 年"双 11"，王小卤总销售额超过 2000 万元，同比 2019 年增长了 3300%。从 2020 年 6 月起，王小卤在之后的很长时间里，一直占据着天猫鸡肉类零食类目销量第一的宝座。

短期内实现商品交易总额高增长

既然 DTC 关键渠道可以在短期内打造爆品，自然同样可以在短期内提升品牌的商品交易总额。

安踏集团在 2020 年 8 月开始加强数字化建设，加速向 DTC 转型。安踏发布的 2021 年财报数据显示，只用了不到一年半的时间，2021 年营收同比增长 38.9%，达到 493.3 亿元。这么短的时间，安踏便通过向 DTC 转型成功提振业绩，打破了国内运动服饰"Nike+Adidas"的双格局。财报中，安踏也提到 DTC 转型对于业绩提振的重要意义。

当然，DTC 关键渠道实现商品交易总额高增长，还需要企业具备扎实的数字化能力，赋能销售转化、品牌升级、服务体验效率的提升。

善于借助数字化手段驱动营销

DTC 关键渠道通常会具备互联网基因，能够借助双向的社交媒体传播路径，在销售的同时收集用户从关注到成交的消费数据，并通过大数据算法对用户的消费行为进行分析，进而提取用户特征，为后续的精准营销提供有效参考。

"喜茶 go"小程序，不仅可以提供在店点餐、到店前下单、代点外卖等服务，还可以获取用户的消费场景和行为数据，比如精准的用户画像、产品销量、地区分布

从零到亿

和消费高峰时段等重要信息。然后，通过有针对性地运营，品牌就能激发客户购买意愿，提升复购率和转化效率。自 2018 年 6 月上线，截至 2020 年 5 月，"喜茶 go"小程序的注册用户已超 2600 万，复购率达 300% 以上，门店 80% 以上的线上订单来自小程序。

DTC 关键渠道的三大优势，几乎都和互联网有着密不可分的关系，但 DTC 关键渠道并不是单纯的线上渠道。直面消费者不仅仅是企业要与消费者产生连接，也强调企业要为消费者提供优质的体验。这方面恰好是线上渠道的短板，需要追求服务和体验的线下渠道来补足。所以，实体店在不断走向线上的同时，也有越来越多过去主攻线上的 DTC 品牌，开始纷纷加大线下门店的投入。

因此，企业在 DTC 化的道路上，不能一味注重线上直营旗舰店的发展，应该将线上及线下的所有渠道看作具有统一性和协同性的输血造血的生态系统。

线上直营关键渠道，满足多样化消费习惯

1995~2006 年，以亚马逊、eBay、Shopee 为代表的传统电商平

台兴起的同时，传统零售品牌和自主品牌纷纷涌现，开始创建品牌独立站。受益于日趋完善的网络基础设施与相互信任的社会环境，海外消费者逐步养成了在传统电商平台和品牌自建站认识品牌、了解产品、下单购买的习惯。

随着以 Facebook、YouTube、TikTok、Instagram 为代表的社交媒体的火爆，国外的很多品牌注意到通过社交媒体与客户建立联系的重要性。"独立站（官网）+ 社交媒体（海外社交媒体正纷纷加速社交电商探索）+ 传统电商"共同组成了海外 DTC 品牌的关键渠道矩阵。

DTC 品牌需要为消费者提供独特的购物体验，意味着需要重新基于消费者行为设计购物流程，需要结合客户消费数据来辅助 DTC 做决策。品牌独立站在海外 DTC 下扮演着重要角色。与传统的第三方电商平台不同的是，DTC 品牌官网可以帮助品牌积累一手基础数据，为品牌实现用户的精细化运营。

当消费者耐心越来越少、购物时长越来越短时，DTC 品牌独立站能够为消费者提供一站式的定制化服务和优质购物体验，并有针对性地与消费者进行互动，从而驱动消费者不断返回独立站重复购买商品。无形之中，独立站帮助企业完成了客户转化，并培养了消费者的品牌忠诚度。

箱包品牌 Away 创始人之一的科丽（Korey）多年与供应链打交道的经历让她意识到，很多高端行李箱具有昂贵的价格，是因为分销成本和零售商的加成。而 Away 的品牌目标人群定位在"千禧一代"，太高的价格与目标人群的购买能力不匹配。

因此在选择线上关键渠道时，科丽基于海外消费者使用搜索引擎的习惯，布局了搜索广告和高达 20 多个旅游页面上的横幅广告等。同时，她还将品牌关键词与大量旅游网站捆绑在一起，目的是吸引对旅行感兴趣的潜在客户，将大量流量引流至品牌独立站进行下单转化。这样的线上关键渠道布局思路帮助品牌降低了原中间环节的高成本支出，有效帮助消费者降低产品定价。

与此同时，Away 重视与用户互动，通过覆盖热门社交媒体渠道矩阵，如 Facebook、YouTube、Pinterest、Instagram 等，直接与消费者沟通与联系。这些平台也是 Away 品牌营销的主阵地，Away 在此向消费者传达旅行生活方式。Away 通过与消费者共创假期明信片 UGC 内容的宣传，将产品与旅行结合在一起，向其目标用户输出常态化品牌内容，从而融入消费者每天的生活。在进行长期品牌建设的同时，Away 每篇内容均带有品牌独立站网址，让消费者在被种草后，将流量引流至品牌独立站进行下单转化。

正是凭借在 DTC 关键渠道的布局，Away 才能在上市第一年狂销 10 万个旅行箱，一跃成为欧美市场行李箱品类王者。

在国内市场，由于消费者没有浏览品牌官网下单的习惯，消费者更倾向于在不同的社交媒体上反复对比，在对比过程中完成下单购买。因此国内 DTC 品牌在线上关键渠道中，将更多的投入与注意力放到了社交媒体及电商平台的布局上，通过品牌注册的多个社交媒体账号与电商平台账号，相互连接形成了"品牌信号网"，让每家企业都从过去的封闭体系变成互联网的一个个节点。"社交媒体电商＋传统电商"，共同组成了国内 DTC 品牌的主要线上关键渠道矩阵。但在特定行业，品牌官网及垂直网站依旧是销售的关键渠道。

过去，汽车企业的关键渠道集中在线下的 4S 店，在宣传推广方面热衷于商业电视广告。随着网络技术的发展，单一的线下渠道已经不能满足消费者的需求，汽车企业的关键渠道开始向线上转移，通过门户官网、垂直网站获得意向客户的联系方式，并引导进店。但现在，进入社交营销时代后，原本的线上营销模式逐渐失灵。

在很多传统汽车企业一筹莫展之际，有些品牌已经找到了新的营销模式，比如五菱。五菱在关键渠道线上化的基础上，通过结合"新零售"的创新模式DTC，大力布局微信、抖音、快手等直连消费者的社交电商。五菱以内容为杠杆，以社交为手段，获得了潜在客户的基础信息。在这种模式下，五菱越过中间商，建立了与消费者直接沟通的社交链路。而每一个互动触点，都可以让消费者对品牌产生更深的认识、更好的体验，最终实现消费转化。

五菱与知家共同搭建的"五菱电商中心"杭州共创团队，自2021年国庆节，从零开始耗时53天，不依赖达人，仅通过品牌自播，在五菱汽车、宝骏汽车抖音直播间累计交易额突破1亿元。

不论国外还是国内的DTC品牌，都是通过对关键渠道的组合，建立企业线上自营关键渠道矩阵的。这样不仅能兼顾消费者的不同需求，更能打通该关键渠道的"品效销"快速转化短链路，使消费者养成在固定渠道购买的习惯，实现有迹可循的常态化销量增长。

线下关键渠道，为企业打破获客困境及增长瓶颈

线上关键渠道满足了消费者多样化的购物习惯，但始终解决不了一个关键问题——消费体验。线下直营门店可以为消费者提供全方位的实物使用体验、周到的现场导购咨询以及售后维修保障等服务。这也是很多互联网原生品牌选择线下门店作为关键渠道的原因。

> 在众多实体书店中，日本的茑屋书店称得上是"体验管理大师"。本着"生活方式提案者"的定位，茑屋围绕"书+X"的模式把书和生活紧密相连。当你翻阅时尚杂志时，旁边就有杂志上的时尚单品；当你阅读艺术类图书时，旁边也有周边生活用品、文具产品可供挑选。甚至，茑屋的导购人员也是"生活方式推荐官"，其中有料理杂志前主编，有文学评论家，也有撰写过多本旅行指南的记者，他们可以用自己的经验和专业知识为消费者服务，帮助消费者选择合适的商品。在实体书店纷纷转型或倒闭的当下，出色的体验是茑屋书店逆势增长的撒手锏。截至 2021 年，茑屋书店在全球已经拥有超过 1400 家门店，会员人数超过 6000 万人。

伴随着消费需求的不断升级，消费者对消费体验的要求也越来越

高，这就倒逼企业必须借助线下店的场景化体验来驱动消费行为。目前已经有很多新锐 DTC 品牌开设线下快闪店等地推活动，利用线下门店对消费者进行体验管理，同时与线上协同、导流，实现销量的增长。

完美日记第一家门店，也是最具代表性的门店是广州正佳广场店。门店内部不仅有华丽的产品展示货柜，还设置了吧台桌、试妆区、直播间和打卡墙。消费者不仅可以在这里沉浸式体验产品，也可以在店铺内的很多地方打卡分享。完美日记的正佳店于 2019 年 1 月开业，截至 2020 年 8 月，门店月均人流量超过 10 万人次，月均营收额则达到百万级别，坪效领跑同类店铺。

当然，在实际经营中，打造线下门店的方式有很多种，最常见的方式是品牌和外部服务商合作打造灵活的线下"独立站"。

DTC 快时尚品牌希音，2018 年在纽约开设了第一家线下快闪店，取得了不错的成效。从此之后，希音在全球不断试水线下店。虽然每到一处只短暂停留几天，但希音都会精心设计快闪店，融入当地特色风格，以此贴近年轻人。活动之前，希音还会邀请当地网红、明星、媒体为快闪店提前预热。这种新颖的线下门店形式，得到

171

了年轻消费者的认可，希音每到一个地方，都会受到用户的狂热追捧，店门前经常排起长队。因为排队的人数过多，还曾多次出现部分顾客无法进店以及排队过程中发生冲突的问题。为了避免问题的再次发生，希音在迈阿密店中引进了预订系统，结果活动当天的 3000 份预订，仅仅用了两小时就全部售罄。据统计，在总共三天的活动中，每小时将近 125 人进店。

除了快闪店，与大型零售商合作也是 DTC 品牌快速在线下关键渠道铺开的有效手段。而且，零售企业本身就有一定的客流量和口碑，不仅能为 DTC 品牌提供初始客流基础，还可以通过官方背书让 DTC 品牌更容易被消费者接受。

在布局线下关键渠道时，海外很多 DTC 品牌采用的都是这种方式，比如剃须刀品牌 Harry、美妆品牌 Function of Beauty、内衣品牌 Lively 等。床垫品牌 Casper 更是与 20 多家零售商建立了合作伙伴关系，其中包括诺德斯特龙（Nordstrom）、塔吉特（Target）、开市客（Costco）和山姆俱乐部（Sam's Club）等知名零售企业。

在和零售企业合作的过程中，消费品牌还需要思考一个问题：在直面消费者思维下，企业应如何与渠道商进行直营式合作，补充关键渠道的多样性。

在知家与五菱一起探索汽车企业 DTC 转型的过程中，五菱坚定地认为："渠道赋能关键点不在于'控制'，而在于'授权'和'支持'。"控制强调的是规范和边界，忽视了经销商的差异化；授权和支持的核心在于承认经销商的多样性和需求的个性化，以利他的角度思考对方运营场景下的问题，并给予系统性支持和协助。

新零售时代，品牌与经销商是互利共赢的关系。品牌要把经销商看作自己的伙伴，"帮助赋能，一起卖货"。

飞鹤乳业有限公司董事长说过："通过品牌与合作伙伴的良性合作，将品牌变成价值并传递给消费者，才能真正实现品牌与各合作方的共生共存。有了这种共生模式，企业才能实现长期主义。"

在现实经营中，飞鹤也确实是这么做的，一直在加强与供应链、经销商、零售商的合作，以期为消费者提供更好的服务。2020 年，飞鹤联手组织了 70 万场面对面活动，邀请了专业营养师开设讲座，普及养育知识，不仅提高了经销商、零售商的专业水平，还吸引了很多消费

173

者参与，成功帮助经销商和零售商获客、留客。正因如此，2020 年飞鹤产品的配送率高达 98%，第一季度收入增速超过 30%。

除了合作的方式，成熟的 DTC 品牌也可以自己打造线下自营实体店，结合线上关键渠道沉淀，形成线上线下融合、协同的 DTC 零售策略。这种方式的好处在于，可以让线下关键渠道和线上关键渠道的营销模式相互契合，达到最大化营销的效果。

行李箱 DTC 品牌 Away 已经在不同城市开设了 13 家门店，并通过"线上看产品、线下体验"的模式，将线上、线下关键渠道有机结合起来。比如在纽约的门店，Away 举办了很多不同形式的活动，包括鸡尾酒品尝、瑜伽课程和晚餐俱乐部等。这些活动不仅吸引了用户，更给用户提供了一个社交的平台。用户可以在 Away 创造的世界中畅所欲言，体验着自己向往的旅行生活，并在这种社群活动中完成复购。

总而言之，企业需要重新理解 DTC 品牌关键渠道，不能局限于线上关键渠道的布局，更要将目光放眼到线下，让线下关键渠道成为推动 DTC 品牌增长的第二条腿。双腿并行，DTC 品牌才能实现更好的发展。

DTC 线上线下
关键渠道的特征

一般来说，DTC 的线上关键渠道需要具备实现"公域广告投放（打造认知）→意向搜索（兴趣）→客户下单（购买）→多次交互，形成复购（忠诚）"的商业闭环的能力。

具体来讲，DTC 品牌的关键渠道需要具备公域获客、私域用户运营、电商交易场的三重属性。从目前的市场看，现在流行的社交电商、内容电商和传统货架电商都具备以上三重属性。

私域电商，"社区＋电商"的信任关系交易生态

目前国内零售市场增速逐渐放缓，存量竞争的加剧倒逼企业加速私域流量建设：从"流量"到"留量"。私域电商因此应运而生。私域电商基于熟人社交关系链，通过人与人之间的社交信任关系，借助沟通、分享、种草等社交手段让企业与消费者进行直接沟通，并促使消费者在该平台完成商品交易。

相对于传统电商模式，企业通过私域电商连接消费者时，双方往往已经建立了一定的信任基础，可以通过社交账号进行交互，用户的黏性明显高于传统电商平台的用户。更重要的是，品牌在私域电商平台，可以借助社交账号将用户转化为私域流量，从而实现低成本的反复连接，提升客单价、复购率，促使客户终生价值最大化。

微信作为国内受众面最广的社交媒体，同时也是私域电商的主流平台之一。因为私域的本质就是信任养成，微信不仅具备"看一看""搜一搜""视频号"等前端获取公域流量的工具，更衔接着强熟人社交属性的私域流量池的后端客户运营工具，如公众号、朋友圈、小程序、企业微信等。品牌在微信平台上可以与客户"交个朋友"，建立信任关系。这也是大多数企业会选择微信作为"存量"带"增量"主阵地的原因。

细分的话，以微信为载体的私域电商可以分为两种形式：一种是品牌直接从公域获取消费者流量，通过打造品牌 IP 进行消费者关系运营与转化的"流量型私域"。由于企业缺少线下消费场景的销售关键渠道，因此主要流量来源于全网线上的占比极大。品牌所搭建的微信私域生态，一方面需要成为品牌从公域获取流量后所沉淀的私域池；另一方面企业需要打通公众号、小程序、视频号、朋友圈、企业微信等工具，让流量可以在品牌私域生态顺畅流转。

> 波奇宠物在打造自己的私域生态时，首先做的就是打通全域闭环，将能开放的公域流量入口尽量打开，让用户找到更多进入私域的入口。同时，波奇会通过公众号、视频号、小程序等为用户提供所需的服务，并通过社群夯实双方的社交关系。当用户逐渐升级为粉丝后，波奇会培养他们在自有商城（小程序或 App）平台中完成消费转化。

另一种是品牌通过企业私域建设、借助数据化能力统筹线下关键渠道商等门店，通过塑造统一的门店导购矩阵为消费者提供线上线下融合的服务，为门店带动客流及营收的"导购型私域"。打造导购型私域的目的有两个：一方面，企业要利用私域生态工具整合线下门店价值，通过一系列赋能，提升门店营收新增长；另

177

一方面，企业以直营的思路借助门店对消费者服务等情况，及时、准确地掌握市场及消费者的真实需求，实现各环节的优化和迭代。

孩子王借助各门店导购所收集的用户需求信息，成功建立了超 400 个基础用户标签和超 1000 个智能模型的用户画像，并以此为基础打造了"千人千面"的服务方式，实现了精准营销。孩子王的销售费用率也因此从 2017 年的 22.59% 下降至 2020 年的 19.36%；企业存货周转天数也从 2017 年的 63.9 天降至 2021 年第三季度的 56 天，大大提升了经营效率。

无论私域电商形式如何，在微信平台上，品牌要做的就是利用公域与私域联动，对粉丝进行精细化运营，做到"引流→留存→转化及复购→裂变拓客"周而复始的循环，打通品牌在微信生态中的良性且完整的流量流转与交易闭环。因此，企业不应只关注于一个微信号、微信群或小程序，尤其是当下企业微信的崛起，更意味着企业可以打通整个微信生态来提升运营效率。

当然，私域电商所追求的并不是"一锤子买卖"，而是发掘客户终生价值和主动裂变价值，如图 5-2 所示。

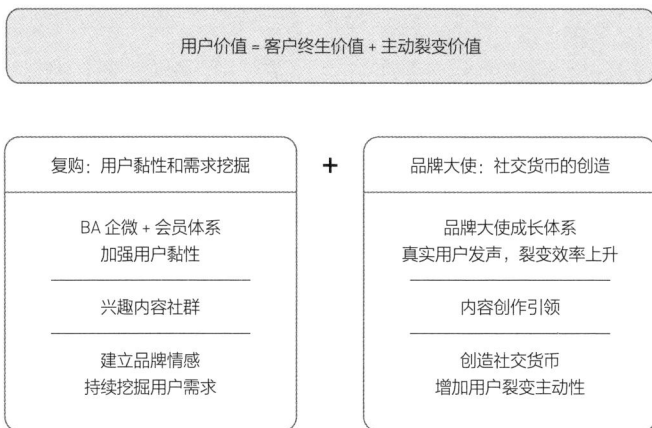

图 5-2　用户价值的两大核心指标

既然是经营客户关系，就意味着企业在私域运营必定要跟随客户旅程，可以说私域就是"打造一个客户旅程"。

在接触品牌的过程中，消费者在每个阶段都有其明确的疑问、痛点、体验感知、目标和需求，基于客户全生命周期及客户旅程关键时刻，企业需要全触点、全渠道、全洞察重构客户新消费场景和链路，重构品牌与客户的交互体验路径，验证企业所做的是否对客户购买决策有促进作用，找到客户喜欢企业、黏上企业的机会点，实现客户愿意来、能留下、持续买、好口碑、能推荐的可持续增长，如图 5-3 所示。

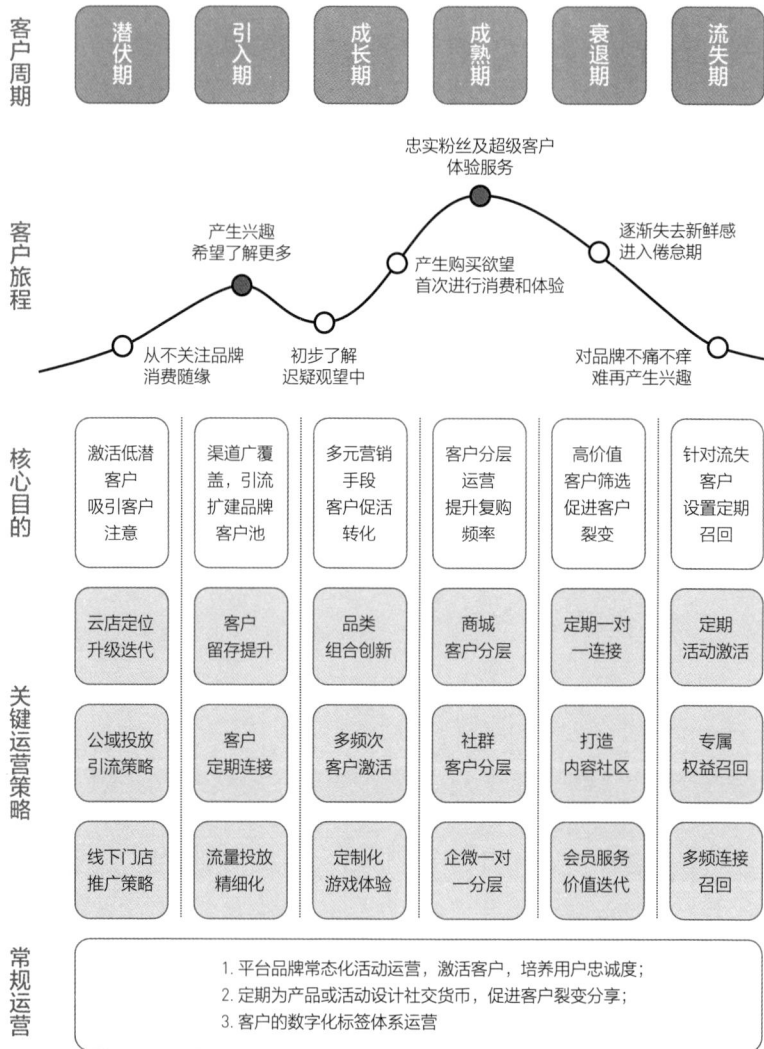

客户周期	潜伏期	引入期	成长期	成熟期	衰退期	流失期

客户旅程

忠实粉丝及超级客户
体验服务

产生兴趣
希望了解更多

产生购买欲望
首次进行消费和体验

逐渐失去新鲜感
进入倦怠期

从不关注品牌
消费随缘

初步了解
迟疑观望中

对品牌不痛不痒
难再产生兴趣

核心目的	激活低潜客户 吸引客户注意	渠道广覆盖，引流扩建品牌客户池	多元营销手段客户促活转化	客户分层运营提升复购频率	高价值客户筛选促进客户裂变	针对流失客户设置定期召回
关键运营策略	云店定位升级迭代	客户留存提升	品类组合创新	商城客户分层	定期一对一连接	定期活动激活
	公域投放引流策略	客户定期连接	多频次客户激活	社群客户分层	打造内容社区	专属权益召回
	线下门店推广策略	流量投放精细化	定制化游戏体验	企微一对一分层	会员服务价值迭代	多频连接召回

常规运营

1. 平台品牌常态化活动运营，激活客户，培养用户忠诚度；
2. 定期为产品或活动设计社交货币，促进客户裂变分享；
3. 客户的数字化标签体系运营

图 5-3 基于客户旅程的私域电商关键运营策略示意图

从零到亿

在整体运营策略下，企业应在整条客户旅程中，明确各阶段的核心目的，针对不同的核心目的制定关键运营策略。

同时，企业在制定私域电商营销策略时，也要明确产品和销售模式，考虑如何设计场景和路径，以及实现场景和路径所需的工具。这些工具必须能够完成微信私域电商的数字化闭环，如果做不到，就无法产生数据，也就无法进行迭代运营。除此之外，像微信这样多工具组合的平台，必然会丰富私域电商策略，企业需要找到能匹配企业自身组织架构的策略。

当然，私域电商也有自己的短板：很难像主流公域平台一样，带来巨量且可以被验证的市场营收增长的贡献价值。换句话说，私域电商短期无法为企业带来可衡量、可精细化测算的营收增长。因为企业很难精准地测算出企业私域中的投入成本是多少、消费者复购周期是多久、用户产出价值的周期又是多久。目前，私域创造的价值也只能用已发生的商品交易总额来衡量。企业的快速盈利点更多的是通过公域平台的短期快速爆发，这样的高增长可以弥补私域短板，甚至是亏损。这也是市场上没有企业只做私域的复购的原因。

企业在私域电商的运营中需要的绝不仅是商品交易总额。商品交易总额只是直观衡量最终结果的指标之一，私域电商的长期主义需要的是更多匹配企业自身情况的创新，不断迭代出获得正向现金流的高效率和扩大毛利空间。企业生命力的存续，取决于谁的资金链更牢固，谁的生存发展空间更大，构筑的壁垒更高。

三类内容电商，
实现"内容 + 电商"的全链路交易闭环

内容电商是指以消费者为中心，通过各类型内容影响、引导消费者进行购物，同时分析数据进一步了解用户偏好，实现商品与内容的协同，提升营销转化效果的一种电商经营模式。

内容电商的核心优势在于达人资源丰富、流量资源充沛。相较于传统电商，内容电商的交易链路比较特殊。传统电商以货架陈列为主，通过搜索和分类引导消费者浏览商品详情页进行购物。在传统电商模式中，商品详情页是品牌重点投入的部分，也是"出单"的关键。内容电商则以内容浏览为主，通过短视频和直播的形式开展电商业务，在了解消费者对不同内容产生兴趣后，推荐匹配兴趣的商品内容，是"出单"的关键。

因此，品牌在内容电商平台上进行营销推广时需要重点思考：什么内容匹配什么样的商品？消费者在浏览内容时，会不会因为内容而"买单"？

常见的内容电商主要有三种形态：兴趣电商、信任电商、种草电商。内容的设计思路，流量的获取方式等关键环节，在不同的平台上也会有不同的展开方式。

兴趣电商：用兴趣激发用户的潜在消费欲望

所谓兴趣电商，就是通过海量的用户需求与个性化用户匹配，达成成交，其典型代表就是抖音。在抖音平台上，企业可以通过推荐技术把人格化品牌及产品内容与潜在海量兴趣用户连接起来，聚焦兴趣内容推荐，以内容激发用户兴趣，发现消费潜在需求增量。抖音平台强大的算法推荐技术可以将商品通过内容推荐给更多的潜在兴趣人群，并且通过转化和沉淀的优化，将内容推荐给更多的潜在消费者，获取新一轮更精准的流量注入，进而实现新流量、新转化、新沉淀源源不断，带来消费新人群和业绩新增长。

在抖音平台上，流量的获取通常有两种方法：一是借助别人获取流量；二是自主获取流量。

1. 借助别人获取流量

借助别人获取流量的方式，最典型的代表就是企业与平台上的 KOL、KOC 合作。这种模式也是品牌在抖音平台上获取收益的常用手段。品牌选择信息流及达人投放，借助 KOL 和 KOC 等的人设①、内容信任、粉丝黏性等帮助品牌做背书。在内容被传播的过程中，消费者被种草后，可以直接跳转到抖音小店快速下单购买。

在抖音上线了电商功能后，企业还可以直接在平台上采用分销的形式来获取流量。企业专注供应端，开设多个抖音小店，把产品上架到抖音精选联盟，让有流量但是没货源的抖音用户将产品上架到自己的橱窗，由他们负责直播或者拍摄短视频带来流量。企业也可以通过测试一些指标，经过操作后让系统把类似爆款产品的商品推给抖音用户，产生需求截流。

2. 自主获取流量

企业可以通过企业号矩阵自营的方式自主获取流量，一般需满足以下两个条件。一方面，企业运营者需要熟谙直播和短视频

---

① 人设一般指人物设定，是指对人物特定方面的设计、制定。此处为网络用语，特指人物形象。

的底层逻辑与算法，不断进行迭代式账号运营，通过标准化、可复制的账号打造策略，实现低营销费用下打造"爆款"账号的路径；另一方面，企业要利用平台搜索引擎优化（search engine optimization，SEO）关键词搜索方法论截流用户需求，并且以企业号的短视频内容及直播为载体，"承接-转化-沉淀"这些公域流量。其中，最重要的转化方式之一就是"直播带货"。

企业级直播账号带货是门大学问，在这方面，很多传统消费品牌既缺人，又缺方法。之前，知家为很多企业提供过直播带货方面的服务，在服务过程中，我们总结了抖音电商企业号快速爆发生意价值的六大关键运营动作，如图 5-4 所示。

步骤一：账号铸型	步骤二：品牌信任	步骤三：达人种草
账号启动初期，侧重于打造精准标签，完成账号铸型	拿到品质信任状，以此为品牌背书	强有力的达人种草，将产品卖点饱和传播
步骤四：核心 SKU 测试	步骤五：精准推流投放	步骤六：客户终生价值运营
用拳头产品驱动业绩，核心是打造 MVP 模型	直播间的精准推送	科学衡量投放预算，坚持长期主义

图 5-4　抖音电商直播关键运营动作示意图

步骤一：账号铸型。账号启动初期的核心是通过账号铸型，获取精准流量。企业在抖音平台上运营，就是要获取精准流量。抖音电商直接连接平台用户，可以让用户帮助企业贴标签，完成账号铸型。

> 账号冷启动期，五菱汽车直播间用了5天的时间为自己的账号完成标签化。品牌通过建立平播计划，减少付费流量占比，利用主播口述产品卖点，成功吸引了喜欢汽车类人群进入直播间。精准的引流提升了用户停留、互动的积极性，也让抖音算法更快地了解到直播间的目标人群画像，从而实现精准流量推荐，为直播间热度与转化率的稳步提升奠定了基础。

步骤二：品牌信任。品牌需要借助不同形式的背书来打造信任状，从而在用户心中占有一席之地，成为让用户信赖的、有心理安全感的，看到就很放心地购买的品牌和产品。通常，企业在打造品牌背书时会用到六种方式：第一，借助行业权威背书给用户安全感；第二，借助明星、名人代言让用户产生信任；第三，利用从众心理、制造市场热点来提升信任度；第四，借助消费者证言说服用户；第五，借助活动事件打造可信赖形象；第六，通过承诺，让用户放心。

五菱为了得到用户的信任，在内部集结官方账号、经销商、直营店来营造热点，组织活动，同时还和车主KOC合作，通过真实体验带动消费者。在外部，五菱联合汽车领域的KOL和KOC，通过饱和内容种草为品牌及产品进行多维度背书。双管齐下，五菱最终获得了消费者的信任。

步骤三：达人种草。如今消费者圈层变得更加复杂，每个圈层都有其独特的内核。企业可以在抖音基于账号人群画像，精准布局达人种草内容，吸引每个圈层的消费者。因为达人本身就是真实的消费者，他们分享的内容虽然文案和深度不及专业广告人，但是胜在真实，其建议更容易被消费者接受。

步骤四：核心SKU测试。在抖音电商平台上，如果没有优质的产品，那么再厉害的主播、再出色的运营都无法成就品牌直播间。所以，品牌在用拳头产品驱动业绩的同时，也要进行核心SKU测试，打造MVP模型，实现经验复用，高效创新更多MVP产品，赋能销量增长。

2021年"双11"抖音专场中，五菱选择其爆款宏光MINIEV与新品五菱NanoEV进行组合。宏光MINIEV作为网红爆款车型，上市13个月销量突破40万台，同时该车型在小红书平台上汽车行业搜索排名第一，已然在消费者心中占据一席之地。而五菱新品 NanoEV，除了造型新颖、与迪士尼"疯狂动物城"IP 联名限量发售，从车型配置上看，它与 MINIEV 一脉相承，不仅拥有更强悍的安全配置，更将续航延长到 305 公里。

通过两款产品的组合带货，在满足不同用户出行需求的同时，加上直播间置景、主播口述、产品镜头切换展示，最大限度地以用户为中心进行品牌沟通，使用户有了充分的下单理由。

步骤五：精准推流投放。科学衡量投放预算，建立精准投放计划有利于直播间流量长期保持在稳定状态，同时还能降低吸粉成本，提升圈粉效果。

在具体工作中，不同的阶段有不同的投放策略：首先，启动期没有基础数据作为参考，品牌可以选择合适的对标账号作为参照；其次，成长期账号可以通过"直播间下单＋系统智能推荐"测试平台推荐的流量是否精准；最后，成熟期账号直接通过系统智能推荐获取精准人群。

步骤六：客户终生价值运营。直播作为以粉丝运营为核心的营销手段，品牌应以私域精细化经营提升直播间内客户终生价值为核心目标，同时通过完善客户线上旅程、履约体验及售后服务，找到客户对品牌的满意事项，促使消费者对品牌产生深度认同，从而带动营收增长。

抖音平台上的许多私域功能也可以帮助品牌宣传。品牌可以通过预告、展示看点等方式，为直播间引流，形成品牌"新增 – 沉淀 – 活跃 – 转化 – 复购 – 裂变"的完整消费链路。

2020 年泸州老窖利用抖音企业号矩阵进行品牌形象宣传，首先将企业号直播作为主要流量入口，每天定期开播。同时，泸州老窖在前端通过"主页搭建 + 旗舰店"建立私域流量沉淀窗口，承接由社交裂变后在抖音上主动搜索的流量，完成流量沉淀及转化；后端则由品牌借助群聊工具进行精细化粉丝运营。一方面，品牌在粉丝群聊中发布直播信息、福利等，做群内强转化；另一方面，不论在直播间还是群聊中，品牌都将不同粉丝进行分层划分，实现有针对性地维护。一对一的私信工具则是负责提供极致贴心的服务，提升粉丝信任与交易转化。

通过持续的用户运营，泸州老窖抖音粉丝群的用户日均活跃度达到 19%，私信、订阅号群发消息单日连接上万人次，直播间粉丝贡献了商品交易总额的 59%。

用户下单后，不算结束，在消费者拿到产品到使用产品的履约交付环节，也需要品牌精细化运营。

像汽车行业，交车履约时间普遍较长。当用户在直播间下单后，品牌除了会在第一时间与消费者确定订单情况，还会借助企业微信将消费者沉淀至品牌大私域进行更深度的交付履约及车主的后链路运营。

针对在直播间购买整车的消费者，五菱摆脱了传统交车逻辑：客户从直播间下单付款到完成交车，五菱将集结多部门协同合作，一方面将消费者沉淀在五菱企业微信大私域中进行运营，另一方面会将产品直接从主机厂发出并直接送到车主手中，并对客户购车全链路进行跟踪。这样的"直面消费者"，让五菱做到更高效、有保障的信任感交付，更是对车主的精准化维护。

抖音生态可以帮助品牌做到传播与销售一体化，品牌和产品的传播要为销售转化服务，销售转化也要为传播做贡献。只有企业将产品与消费者感兴趣的内容类型结合起来，并将内容精准地传递给消费者，才可以引导消费者进行消费转化。

信任电商：
由"熟人经济 + 信任电商"所组建的新市井商业

新市井商业是一个全新的概念，我们将其理解为高黏性私域、极致信任与公域增长的综合体。其中，极致信任是内核；公域代表规模化的增长能力，强调的是辐射范围更广的影响力；私域代表的是从店面展示到进店转化的商业效率，强调的是类似小区商铺的强关系逻辑。

新市井商业的代表性平台就是快手。相较于其他类型内容电商，快手关注的核心是用户和平台内容创作者。因此，无论个人还是品牌在快手上进行品牌宣传时，都需要依靠人设的塑造和优质的内容输出与平台用户建立强信任社交关系积累下专属的私域流量。只有这样，在一定时间内，基于信任关系的内容传播才会有效提升新客户的高转化和老客户的高复购。

对初创品牌来说，知名度、美誉度是需要时间去经营的，快手的信任电商正是这样帮助品牌利用人设打造与消费者进行品牌价值层面的情感沟通，快速获得文化认同感。

2020 年，主打品牌文化价值感的初创护肤品牌 PMPM 选择了当时国货美妆品牌都忽视的快手平台，将其作为短视频主阵地。品牌初期在 2 ~ 4 周内寻找受众人群中的 KOL 进行短期品类投放，以"头部 KOL+ 腰部 KOL+ 尾部 KOL"的方式，形成传播的金字塔矩阵，促成内容、产品与用户间紧密连接，以 80 多万元的营销预算投入带来了 20 万人次的入店。

带着这样的正向反馈，品牌以美妆垂直类为主，让创作者充分发挥其专业能力，代入消费者思维，在视频作品中将产品成分亮点拆开逐一讲解对应功效，解决消费者皮肤问题的痛点，通过信任关系提升了销量。

不仅是新锐品牌，传统品牌同样也在快手上迎来了新增长。比如，传统食品品牌良品铺子入驻快手 10 天，官方账号就涨粉 59 万，在快手的第 3 场直播，观看人数突破 900 万，商品交易总额突破 2300 万元。

良品铺子在快手平台上进行直播带货时，充分认识到快手信任电商的定位。在主播人设、直播间氛围、粉丝运营等方面，良品铺子一直把增进粉丝信任作为重要的目的之一。

在主播人设方面，与其他品牌会提前策划主播人设不同，良品铺子不会预设主播人设，而是在经过一个月的试播后，让主播和粉丝共同打磨人设。现在，良品铺子初步形成了"汤老板"这个主人设，同时搭配有产品经理、运营总监、采购经理三个副人设。有的主播主打极致性价比，有的主播则负责给粉丝送福利。

在直播间氛围方面，良品铺子更希望与用户做朋友，而不是单纯的卖货，会要求主播认真回答粉丝的问题，与粉丝互动。

在粉丝运营方面，一方面，良品铺子会经常在快手小店粉丝群中做正向引导；另一方面，良品铺子会推出一些只有老客户才能购买的9.9元福利品。为了保持老客户的新鲜感，福利品还会定期更换。得益于粉丝的信任和重视，良品铺子每场直播老客户贡献了60%的销售额。

在产品方面，一开始良品铺子的直播团队主观认为用户可能更喜欢低价产品，但后来发现，用户看重的是价值感而不是价格。所以，良品铺子开始调整产品组合和产品包装，通过数据反馈，推出了100多元的SKU组合，成功获得用户的认可。与此同时，良品铺子每半个月

193

会调整一次货盘，转化率差的换掉，转化率好的增加库存，以筛选出最适合直播间的产品。为了激活老客户，良品铺子还会定期增加一些新品以维持新鲜感。

在实际经营中，品牌在快手平台上，也有一套电商经营方法论。第一步，品牌要打造人设，树立平台个性。品牌应使用平台用户喜欢的方式与其沟通，从而实现品牌自播。同时，主播也要有专业能力和人格魅力，并且愿意与用户做朋友。第二步，品牌通过公域流量的运营和加持，引入店铺自播和商业化投流，提升粉丝数量和转化效率。第三步，品牌在自播的基础上，可以和达人分销合作，探索自己的品牌、商品在快手电商生态中的爆发系数。第四步，借助官方活动的扶持和营销资源的加持，品牌进行短视频和直播场景下的复购经营，实现粉丝数量滚雪球式增长。第五步，品牌需要进行关键渠道特供品开发，更好地满足不同关键渠道的需求。

正如快手电商负责人所说："没有哪个饭店可以一直靠拉新客户而不是靠回头客活下来。"信任是品牌实现滚雪球式增长的根基，品牌商家将快手作为线上关键渠道的探索，为品牌未来的长久互动与销售转化奠定了基础。

从零到亿

种草电商：通过全方位种草实现留言咨询转化

以前，产品是由品牌和广告定义的，通过一系列产品卖点告诉消费者："我是什么，你要怎样"，并通过对消费场景的引导，最终促成交易。新消费品牌则恰恰相反，消费者从最终的接收端渐渐走向前端，变成消费方式的创造者和引导者。品牌成了消费场景的参与者，开始根据消费者的需求，决定自己的产品和服务是什么。

在这种趋势下，自带种草基因，以消费推荐为主的内容社区，逐渐成了很多品牌了解消费者、宣传新产品、种草及影响消费决策的关键渠道。小红书，就是其中的佼佼者。在小红书上，每天会有无数原生需求反馈及潮流方式的倡导内容。品牌方要做的就是洞察其中的真实需求，最终将产品和品牌的场景构建与消费者的需求达成共识，通过全方位有效种草，影响消费决策。

在过去，五菱汽车给人的印象是老旧、笨重的面包车。在品牌破圈焕新的潮流中，企业发现，小红书上有用户陆续分享自己对车进行改造的心得，便以此为契机，推出更适合小红书用户需求的马卡龙色系和夹心款。

五菱汽车在小红书站内首发"潮装活动"，打造话题

"装出腔调"，通过邀请用户展示他们对于五菱宏光汽车外观改装成果，掀起了一波改装风潮，成功地将五菱宏光 MINIEV 的品牌认知从"买菜代步车"扭转为"行走的涂鸦墙"。

通过对平台内潮流的洞察和引领，五菱宏光与消费者共创产品，全方位刷新了品牌印象，使品牌重新焕发年轻活力。之后，五菱宏光更是推出了与小红书的联名款五菱小红车，在站内获得大规模产品声量，培养意向消费者，品牌热度提升 669 倍，"品牌广告＋笔记"曝光超 2.4 亿次，实现了焕新品牌印象、销量暴涨、声量翻盘三合一的目标。

有别于其他内容电商平台，为了保证用户对平台的信任，小红书的商业化之路极其克制，商业闭环也尚未形成。但这并不意味着产品无法在小红书上获得转化机会，品牌可以通过分享生活方式的"种草软广"影响用户的消费决策，完成用户留言咨询和产品销售。

尤其是一些高客单价产品，个人偏好往往比功能参数更能打动消费者。在小红书平台上，品牌可以通过一系列的内容打动消费者：广告投放加深用户认知、全方位种草调动用户的情感心理、用其他人的亲身体验去背书，推动用户通过品牌笔记页、留言咨询去验证自己的选择。

在打动用户的整个链路上，用户留言咨询、自我验证是成功转化的关键环节。品牌一方面可以通过信息流广告，将用户引入品牌主页，实现用户留言咨询；另一方面也可以在笔记上展示快捷私信入口，方便用户跳转到商家店铺进行私信沟通，提升留言咨询的效率。

2019 年小红书开始尝试直播带货后，有些品牌也会在企业号直播后通过私信与直播间粉丝沟通，并将其引流至微信私域提高转化率。

> 2020 年 5 月，吉利旗下领克汽车在小红书的官方企业号联合小红书知名博主，通过直播的形式向网友种草旗下轿跑 SUV 领克 02 的试驾体验，当天有 301 名用户通过直播间预约试驾落地页进行留言咨询，其中 196 人在两周内通过官网下单购车。

目前，虽然发展电商是小红书商业化的必然尝试，但品牌要想在小红书上通过 KOL、KOC 种草及官方企业号运营实现电商销售的闭环，还需要很长一段时间。小红书目前仅处于接受购物橱窗、图文/视频带货链接等广告形式，让交易环节锁定在自身平台的阶段，后台对接的仍然是电商平台的货物。在这种情况下，内容平台虽然可以自称平台产生了电商商品交易总额，事实上仍然只是一个流量输出者。在整个购买流程中，小红书只充当了导购的角色。

可以说，小红书现在还没有找到有效实现高效持久的电商闭环策略。对消费品企业来说，小红书平台需要成为关键渠道矩阵中的一员，但在"品效销合一"的"销"上，仍然需要长期探索与发展。

传统货架电商，
享受品牌营销长尾效应的关键转化渠道

有人说，新兴的社交内容电商崛起，传统货架电商开始没落？其实不然，社交内容电商的交易本质是发现式购物，利用信息的不对称性与信任关系快速激起消费者的购买冲动，传统货架电商的交易则是基于消费者日常需求进行搜索式购物。

像淘宝、天猫、京东这样的传统货架电商，用户来到这里都是带着明确的目的，先有需求，再去搜索，然后选择值得信任的品牌购买。在有明确品牌选择的情况下，经过企业一系列的品牌及产品的营销与运营，消费者成为品牌的客户或忠实客户，此时品牌所布局的传统电商矩阵其实是在享受营销带来的复利转化。

当然，电商平台不自产流量，也留不住流量，只能消费流量，每到"双 11""618"这样的网络购物节，品牌方都要通过"站外营销"获取流量。品牌在传统电商平台上的运营，就像撒网捕鱼一样，消耗流量，将其转化为品牌自己的销量。

如果把品牌营销看作投资，我们认为，仅依靠流量追求短期的变现，那么品牌将永远处于低水平的投资漩涡之中。只有通过有策略性地布局核心流量型关键渠道，长期且深耕市场，再提供足以打动消费者的高质量产品履约和用户后链路服务体验，才能撬动传统电商，从质变到量变，获得长期稳定的口碑及营收。而传统货架电商，就是企业可以实现享受品牌营销长尾效应的关键转化渠道。那么，在以淘宝、天猫，以及京东为代表的传统货架电商平台上，品牌如何具体运营？

淘宝、天猫平台品牌运营策略

传统货架电商不自产流量，天猫则希望借助淘宝生态及"阿里妈妈"的力量，通过"淘内 + 站外"为品牌带动流量，如图 5-5 所示。

图 5-5　品牌各阶段淘系货架电商的运营核心目标

初创期的品牌，首要工作是在站外维护内容的平台，通过低成本的 KOC 种草，建立品牌形象与口碑；与此同时，在天猫平台上通过"阿里妈妈"的效果广告矩阵与天猫新品牌营销板块打造爆款，实现拉新与转化。

成长期的品牌拥有一定的口碑和用户积累，营销的重点在于"站外＋站内"的内容营销。站外，品牌要借助 KOC、KOL 的影响力，通过短视频、图文、直播等内容，夯实品牌在用户心中的地位，实现类目卡位的运营目标。站内，品牌可以通过天猫的营销板块、直播专场及效果广告等功能，培育热点内容，提升"营→销"的转化效率。

进阶期的品牌可以通过邀请代言人、跨界联名实现跨圈层人群的连接。在站内，品牌可以借助天猫超级品类日等营销节点 IP，加上 AI 智投、超级风曝[①]等营销功能，连接更多的潜在客户，实现产品影响力的跨品类拓展。

成熟期的品牌，目光应该聚焦如何整合全域营销资源，建立更广阔的品牌认知。在站内，除了常规的节点 IP 营销，品牌还可以借助开屏、品牌专区等营销产品获取更多曝光，实现与目标消费者的有效沟通，从而扩大品牌影响力，在消费者心中树立良好的品牌形象，推动品牌稳定发展。

京东平台品牌运营策略

作为凭借 3C 产品打开市场的电商平台，京东更偏爱高质量的爆款产品。在平台上，爆款单品可以获得较高的点击率、搜索排名、品牌排名，从而为店铺带来更多的流量。在爆款产品的基础上，品牌依然需要通过"站外全渠道营销引流 + 站内自然流量"联动，最大限度地提升销量。

---

① 阿里巴巴旗下一款个人屏营销产品，通过阿里巴巴媒体矩阵覆盖了消费者日常衣食住行场景，同时连接手淘焦点形成"认知→兴趣→购买→忠诚"营销闭环，极大地释放用户的个人屏价值。

京东站内的营销主要集中在"王牌超级品牌日、mini超级品牌日、超级品类日"这三个节点上。站外品牌需要借助主流社交媒体，通过"认知→吸引→消费→沉淀"的方式，将用户引导至京东站内，从而达成销售转化。

对每一个消费品牌来说，传统电商是品牌占领市场后获得长尾效益的关键渠道。从长期主义的角度看，品牌只有将新兴电商平台与传统电商平台相结合，打造线上与线下相辅相成的营销渠道才能走得更远。

基于行业属性
打造线上线下全渠道融合

从零售到新零售其实是一个商业模式演进的过程：哪个零售模式及业态能够促使企业发展效率更高、效益更好，就会在当下的商业竞争中胜出并壮大。

如今，DTC 正在促使头部新消费品牌不断推进全渠道变革，为品牌带来新的市场机会。由此可见，新消费品细分行业正在经历各自渠道布局的探索。

高频低决策门槛行业

由于高频低决策门槛行业的品牌电商渗透率有限，生鲜等零售关键渠道仍以线下门店为主。2020年生鲜零售市场规模超5万亿元，而线下关键渠道占比高达85%，实现营业收入4.3万亿元，见图5-6。

生鲜零售规模（亿元）　　　■ 生鲜线下零售规模　　□ 生鲜线上零售规模

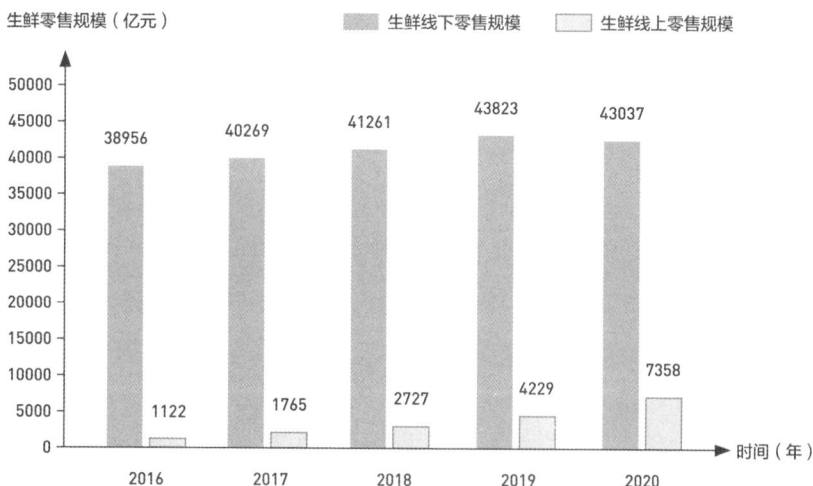

图 5-6　2016~2020 年生鲜零售渠道分布情况

数据来源：艾媒咨询，国元证券研究所。

之所以会出现这种情况，是因为生鲜线上关键渠道的货品储存时间短且非标准化，加之配送物流成本及渠道损耗率较高，因此消费者更愿意亲自到商超中仔细挑选，即买即得，以保证商品的新鲜度，如图 5-7 所示。

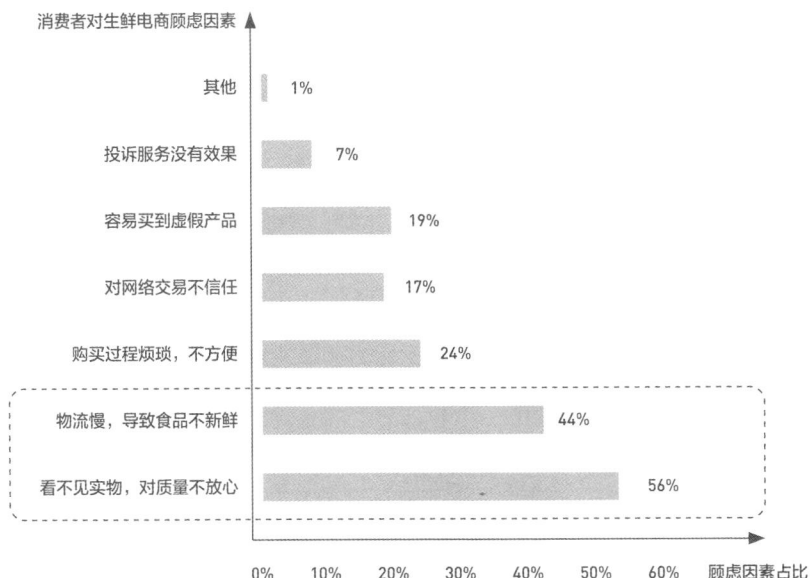

图 5-7　消费者对生鲜电商顾虑原因调研

数据来源：艾媒咨询，国元证券研究所。

从这个角度讲，生鲜零售企业的竞争是对用户信任的争夺。

盒马鲜生打造的线下体验驱动线上下单的新零售业态，

205

其本质就是通过强化用户信任的方式，驱动销量增长。

在线下，门店主要关注的是体验式营销模式，让消费者能在超市里购买现场加工、新鲜又健康的食材，满足消费者对于生鲜商品直观挑选的需求，提升消费者对盒马鲜生的环境和食品质量产生信任感和品牌好感。

与此同时，盒马鲜生线上关键渠道布局策略主要关注两个方面：一是打开直连消费者的流量入口，获得高效流量增长，形成品牌可直接连接的流量池；二是找到高效率的流量组织方式，完善连接、感知、服务消费者的完整闭环。

当用户在线下产生了对品牌的信任后，二次复购时就会自然地在更方便的线上关键渠道下单。此时，品牌就可以实现低成本引流，打造线下体验驱动线上下单的新零售业态。

低频低决策门槛行业

对于低频低决策门槛行业来说，实现销量最大化取决于品牌能否有效连接每一位客户。线上直营渠道的价值就在于可以将货品卖给那些线下店铺无法覆盖的地区。

耐克直营渠道业务的发展从很早就开始了，2011~2019年的9年时间里，品牌直营渠道营收占比从15.8%提升至31.6%。

耐克的直营渠道主要有五个：天猫旗舰店、官方微信小程序、企业官网、SNKRS App和NIKE App。

耐克与天猫的合作实现了"让每个消费者随时在线"的目标，制定了耐克在线上渠道的消费者体验标准。耐克天猫旗舰店销售增长势头强劲，从2016年起一直名列"双11"运动户外类目销量第一名。

微信小程序作为耐克在中国市场最大的社交平台入口，通过提供产品的购买渠道，共享了附近耐克直营门店的库存数据，让消费者可以实时查看线下库存，方便试穿和购买，更好地促成交易。

企业官网是耐克的品牌独立站，是耐克全品类产品销售的主阵地。而NIKE App作为企业官网的移动端版本，更加侧重于会员体系的生态构建。除了购物功能，NIKE

App 还为中国用户提供一对一的会员服务，更个性化、定制化的内容推送，在支付和社交功能方面也充分本土化。

SNKRS App 是耐克限量运动鞋的主要抽签发售平台，主要满足部分消费者对于潮鞋的需求。

通过这些直营渠道，耐克将交易场铺到了市场的每一个角落，以此驱动了品牌的持续增长。

线上直营渠道可以提供转化的机会，线下的优质体验可以帮助转化更快实现。

耐克在线下比较注重对多元化渠道的直营管理，品牌会将部分直营门店打造成高度互动的沉浸式零售环境，实现线上线下的相互融合，深化与消费者之间的互动，建立更紧密的联系，提升客户黏性，提高成交率。

2019 年，有 50 家耐克线下直营店开启线上订单线下发货的零售模式，同时引入智慧物流系统，建设库架一体全自动库，提升数字化采集和分析能力，进一步提升供应链能力和效率，以满足电商发展需要。同时，耐克削减零售商数量，将核心资源、有效的营销和高端产品向优质零售合作商倾斜，目的是更好地与零售合作商深度合作，既能高效管理品牌形象，还能通过自有渠道进行销售获得更高的利润率，积累更多的消费行为数据，与消费者建立直接关系。

流量在没有实现转化之前，并不具备实际的价值。品牌要做的，就是围绕消费者体验进行运营。

低频高决策门槛行业

在购买一些高价格产品时，人们往往会花费更长的时间考虑，经过理性的分析，做出决断。随着越来越多低频高决策门槛行业从线下走到线上，过去的低频理性式消费，也开始逐渐向高频体验式消费过渡。

在家居家装行业，用户在线上选品时经常面临图片与实物差距不易把控，面对海量产品易出现选择困难等问题。年轻消费者对家装个性化的追求，也让家居家装定制的复杂程度逐渐增强，如果仅通过线上沟通，很难让消费者建立对于品牌的全方位认知与信任。

家居家装行业表面是销售家具，但核心是为消费者提供良好的家居服务。线下门店可弥补线上关键渠道的弊端，将家居业务融入生活场景，为消费者打造一站式家居体验，吸引追求品质和购买能力强的客群到店，通过导购讲解以及亲身体验获得完整的产品体验，最终完成消费。优质的沉浸式场景体验或可将低频次的家居消费转化为高频次的体验消费，提升品牌忠诚度。当然，关键的问题是，企业如何将消费者从线上引流到线下。

传统家装行业非常依赖门店线下客流，尚品宅配创新性地构建了一套线上引流为线下门店集中获客的关键渠道布局策略，实现了公域引流，私域转化，从而获得长期稳定的营收增长。

从 2009 年起，尚品宅配布局线上关键渠道进行全网线上引流布局；2014 年重点布局微信私域生态；2018 年，重点发力短视频赛道；2020 年，新居网 MCN 机构独立，成立内容电商平台。同时，尚品宅配以"数智融合"作为研发方向，将营销、设计、生产、交付等各个环节数字化、云端化，已经形成了数据链路闭环，根据线上数据反馈，赋能线下关键渠道的决策。

丰富的引流渠道和强大的引流工具，帮助尚品宅配有效地将用户从线上引流到线下门店。当潜在客户在各个平台的账号下留言咨询后，会接到品牌总部人工客服的电话，并被分配到地区客服。之后，地区客服向潜在客户再次致电，确认客户家装时关心的预算、户型图、设计需求等基本信息，并将前述信息传递给设计师。2天内，设计师与潜在客户联系邀请潜在客户择日线下进店看 3D 设计方案，最终实现了线上到线下的引流，完成体验消费。

相较于传统渠道，企业布局 DTC 关键渠道需要秉承"直面消费者思维"来整合原有售卖渠道，借助企业数字化能力，挖掘各渠道独有价值。布局 DTC 关键渠道，不仅能够为企业带来更多的营收，还可以提升消费者的体验满意度，降低企业的坪效损耗，找到并构建多元化、高效转化的健康关键渠道组合。这样做，短期来看，可以获得商品交易总额高增长，突破企业营收增长瓶颈；长期来看，可以有效缩短品牌成功周期。

当然，渠道只是一个工具，能否与消费者建立联系，实现精准而有效的连接，还取决于品牌设计的营销内容能否打动消费者，让其产生信任感。在之后的内容中，我们会重点围绕内容打造的主体继续深入探讨。

0

HUNDRED MILLION

从
零
到
亿

饱和内容：
用差异化内容
实现有效种草

在现在的市场上，越来越多的产品可以让消费者领略创新、臣服颜值、满足社交、沉浸体验，从而获取超预期的满足感。品牌与品牌之间的竞争，单纯凭借产品质量的对比，已经很难分出胜负。在这种环境中，企业要想脱颖而出，优质内容的产出及传播尤为重要。

唤醒用户，提升品牌感知

几乎所有美妆品牌在小红书上获取流量的关键都是以用户的生活作为切入点，用真实的体验打动消费者。品牌与很多明星、KOL、KOC、素人建立了深度合作关系，一方面让他们分享产品的使用体验，强化消费者的信心；另一方面也会让专业人士发布一些口红、腮红、眼影等产品的使用和搭配方法，教用户画出精致妆容。过去，很多年轻女性在尝试化妆时，会因为缺乏经验，而画出很多并不适合自己的妆容。现在有了教学指导，很多用户就能避开一些雷区，更快掌握化妆和护肤的技巧。品牌通过这种生活化的内容，成功地与更多用户建立直接联系，并将产品"种草"给他们。

内容种草是当前很多品牌针对年轻消费者的一种营销手段，简而言之就是用设计好的内容去承载品牌和产品信息，然后输出给消费者，影响他们对品牌的认知，获得好感，进而实现销售目标。

相对于传统的营销广告，种草内容往往与人们的生活和工作相关，能够代表某种生活方式甚至人生态度，更容易引起消费者的关注。同时，企业将产品和服务与特定的内容结合起来，可以让消费者更快、更准确地在庞杂的信息中，快速定位自己喜欢的品牌。在此基础上，企业通过和各个领域的 KOL、KOC 合作发布种草内容，可以借助 KOL 和 KOC 在某些领域的专业性、权威性，快速打动消费者，形成消费转化。

当然，品牌的营销内容需要有效连接消费者，才能真正形成吸引力。为了最大限度地连接消费者，品牌一方面需要建立品牌种草影响力矩阵，用不同的种草发起者连接不同圈层的消费者；另一方面还要构建多元化的内容矩阵，形成多元品牌内容资产，实现有效种草，如图 6-1 所示。

搭建品牌种草影响力矩阵，深耕品牌形象

王饱饱在发展的早期，面临的首要问题是让企业全新的

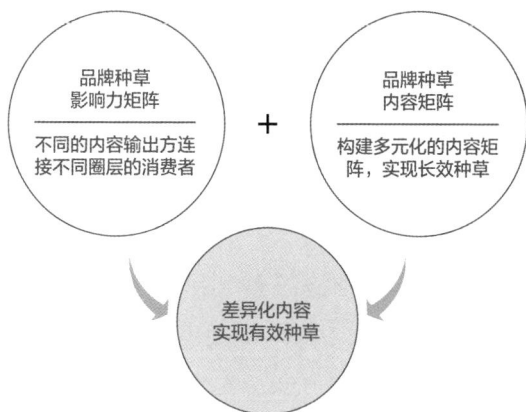

图 6-1　差异化内容实现有效种草的方法

产品制作工艺被消费者接受。所以,王饱饱首先合作的平台是小红书,通过内容种草的形式,将产品的特点、使用方法传递给消费者,从而引来第一批精准用户。

成功得到用户的初步信任后,在品牌发展的中期,企业需要进一步强化自己的品牌形象,吸引更多的人成为粉丝。在这个阶段,除了小红书,王饱饱还和 B 站合作,以代言人广告花絮和做饭教程内容拉近与用户的距离,用品牌创始人和代言人访问环节内容,帮助用户了解品牌初衷,然后通过达人的开箱测评,树立更加实用化、生活化的品牌形象。

当企业进行了一轮又一轮的品牌形象铺垫后，王饱饱开始在抖音平台上大规模投放，与头部 KOL 合作，以简单直接的情景剧形式主推品牌形象，同时配合使用电商平台转化工具，大规模拉升销量。

企业在不同的发展阶段，对内容种草有不同的需要，需要借助不同类型的 KOL 和 KOC 来支撑不同时期的内容投放。这些不同类型的内容创作者带来的不同内容整合到一起，就组成了企业的品牌种草影响力矩阵。

品牌种草影响力矩阵包括四个部分：品牌官方诉说、专业人士生产内容、专业用户生产内容、用户生产内容，如图 6-2 所示。

品牌官方诉说

品牌官方诉说（brand generated content，BGC）是品牌自己提出，为消费者提供产品、品牌相关信息的内容。通常，企业会用品牌官方诉说彰显品牌的专业性，获取消费者的信任。

2021 年十周年活动期间，江小白在微博、抖音等平台上连续发布了 100 个"郑重声明"海报，被网友们送上了微博热搜的第一名。每一个声明都包含一些有趣的信

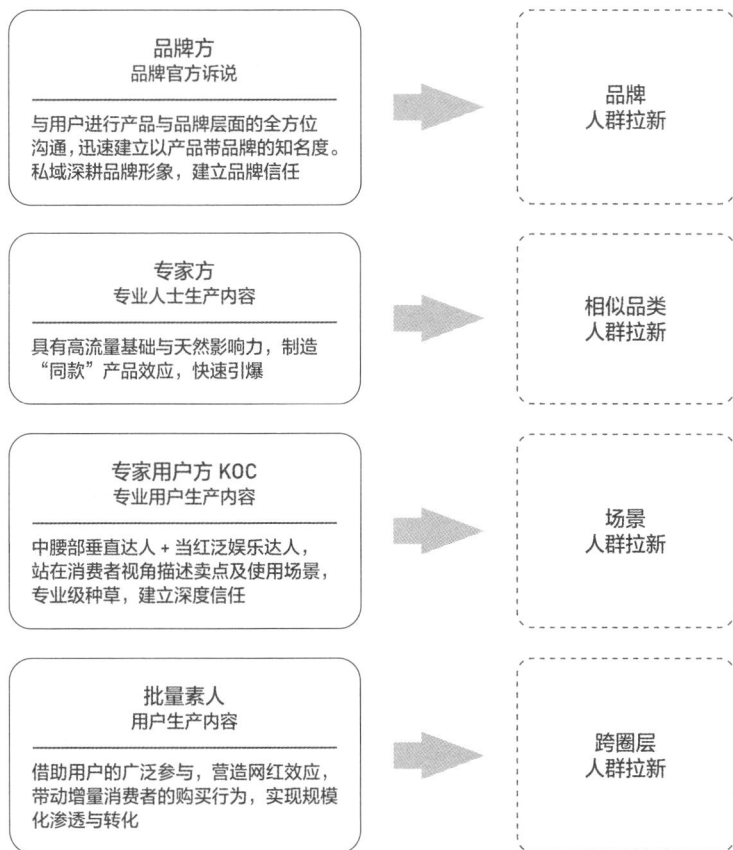

品牌方 品牌官方诉说 ——— 与用户进行产品与品牌层面的全方位沟通,迅速建立以产品带品牌的知名度。私域深耕品牌形象,建立品牌信任	**品牌 人群拉新**
专家方 专业人士生产内容 ——— 具有高流量基础与天然影响力,制造"同款"产品效应,快速引爆	**相似品类 人群拉新**
专家用户方 KOC 专业用户生产内容 ——— 中腰部垂直达人 + 当红泛娱乐达人,站在消费者视角描述卖点及使用场景,专业级种草,建立深度信任	**场景 人群拉新**
批量素人 用户生产内容 ——— 借助用户的广泛参与,营造网红效应,带动增量消费者的购买行为,实现规模化渗透与转化	**跨圈层 人群拉新**

图 6-2 品牌种草影响力矩阵

息,有对产品质疑的回应:"有网友说,狗都不喝江小白。我们同意,狗确实不能喝酒,猫也是。"也有对员工的调侃:"产品部褚越毕业于西北农林科技大学葡萄酒专业，选择留在江小白工作，因为泸州老窖没要他。"
这些看似诙谐的调侃，实则是在宣传自己的品牌和产品。面对这 100 个声明，网友们点赞也好、吐槽也罢，江小白都成功地收获了热度。

专业人士生产内容

专业人士生产内容（professionally generated content，PGC）是指拥有专业知识、资质，具备创作能力或拥有一定权威的舆论领袖，比如明星、网红、名人发布的内容。相较于用户生产内容，PGC 更加专业，发布的内容可信度更高，更容易成功种草用户。

在重点体现产品的功能性、品质性、有效性等维度的内容方面，品牌常常会寻找有创作能力且在相关特定领域中具备专业权威、有群众认可度的专业人士进行客观测评背书。比如，通过科学实验分析、三方客观检测、可视化地将产品性能、功效、质量等信息传递给目标受众，进行种草，以理性与感性相结合的方式打动消费者，促使其做出购买决策。

专业用户生产内容

专业用户生产内容（professional user generated content，PUGC）

是将"UGC+PGC"相结合的内容生产模式。PUGC既有UGC的互动性，也有PGC的专业性，不仅能更全面地连接用户，更能精准地吸引、沉淀用户，建立深度信任。

2020年受到新冠肺炎疫情的影响，"宅家运动"的需求猛增，很多健身、运动类内容创作者加入了Keep平台，开始发布PUGC，这些内容创作者包括运动圈"顶流"、热爱运动的达人、从其他领域跨界而来的素人、粉丝过百万的网红等。

平台用户不仅可以在平台上分享自己的经验，还可以和自己的好友进行社交互动。Keep依靠这些专业的内容创作者，成功打造了大量的优质内容，不断吸引新用户注册。同时，平台的社交属性，也使得运动健身具备了更丰富的意义，加强了用户黏性。

得益于这些专业或者半专业的达人、博主，2021年，Keep平均月度订阅会员数由2020年的190万增长至330万，会员渗透率由6.4%增加至9.5%。2021年前三季度，Keep会员及线上付费内容收入达到3.8亿元，较2020年的2.49亿元同比增长52.6%。

用户生产内容

用户生产内容（user generated content，UGC）有两种，一是用户原创，主动分享，可以影响用户身边的熟人和朋友，直接促成转化；二是品牌与用户共创，借助 KOC 的广泛参与，营造网红效应，提升品牌影响力。

五菱宏光在推广 MINIEV 车型时，考虑到目标客群是女性群体，把 70% 以上用户是女性的小红书作为主要种草阵地。在实际的营销过程中，五菱一方面搭建了"装出腔调"内容阵地，与时尚、设计领域的 KOC 合作，发布了很多改装设计方案，在吸引普通车主加入讨论，发布自己改装经验的同时，也改变了大众对于品牌和产品的固有认知。活动期间，五菱站内热搜暴涨 600 倍，超越小红书平台上一众传统外资品牌登顶，并在其后 3 个月稳占站内汽车热搜榜首位置。

之后，五菱又和小红书发布了联名款车型，并发起了"装出腔调"百位车主潮车展，引发第二轮话题热议，吸引了很多用户回流并继续参与话题讨论。活动吸引超过 2500 人参与，用户分享了超过 2500 款不同的改装车，优质内容积累带来的长尾效应，提升了品牌的影响力。

活动后 3 个月，品牌官方号涨粉超过 3 万。

在实际应用中，这些不同类型的内容需要综合应用，针对不同类型的用户，实现有效传播，提升种草效率与效果。不管是品牌自己输出内容，还是与专业流量达人、专业用户、普通用户等不同类型的人群合作输出内容，都是为了尽可能多地连接不同圈层的用户，实现广泛的种草。

构建品牌种草内容矩阵，实现长效种草

对品牌来说，消费者不是只有一种类型，单一的内容形式无法有效吸引不同类型的用户。只有用多样化的种草内容去组建矩阵，才能与不同类型的用户建立有效联系，如图 6-3 所示。

品牌种草

每个品牌都有自己独特的气质，这种气质可以体现在很多方面，如创意内容、品牌影片、品牌宣言等，这些都可以是品牌气质的载体。品牌种草其实就是通过气质输出，影响更多的用户，得到更多人的认同。品牌种草在形式上并没有太多的限制，可以是品牌文化种草、品牌故事种草、打造品牌 IP、形象种草，重点是要突出品牌主张，输出品牌价值观，激发用户对品牌的好感。

图 6-3　品牌种草内容矩阵

在实际经营中，永璞通过不断塑造 IP 形象，让"石端正"吉祥物人格化，在多维度场景下，借 IP 之口传达品牌价值观，与消费者建立信任关系，实现品牌溢价。

尤其是在品牌能与消费者直接对话的社群场景下，品牌会借助"石端正"的形象与消费者直接交流，调动消费者互动的积极性，通过内容、视觉、产品、活动等形成统一的价值观表达，加强消费者对品牌的喜爱和黏性。

产品种草

相对于品牌种草，产品种草更需要专业内容，企业可以通过技术科普、产品评测、成分比对、使用攻略等具有专业深度的内容，突出产品功能及卖点，打消消费者的顾虑，提升消费者对品牌的信任感。

场景种草

企业在推广过程中，可以针对产品的核心功能，进行场景化设计，针对不同的场景，设计不同的内容，让习惯于在不同场景下使用产品的用户都能感知到产品的价值，从而实现种草。场景化的种草内容需要准确连接消费者生活，直击消费者痛点，以更加生动的方式展现品牌调性和产品要素，通过可视化的内容呈现，增强消费者的体验感。

很多饮料品牌在营销活动中为了触发多样化的使用场

景，不断深化用户认知，设计了很多场景化的内容。在推广中，品牌将饮料产品植入日常生活场景的手法成为主流，比如宅家、刷剧、聚会、减肥、上班、会议等场景下都可以来一瓶。通过这种与场景相结合的内容，品牌能有效强化用户对品牌的认知。

圈层人群种草

都市 GenZ 的亚文化不仅极其丰富，而且新概念层出不穷。我们所熟知的"二次元""国风国潮""游戏电竞"等，其实都是已经出圈的概念，那些还没有出圈的新概念随时都在变异和融合。在这些兴趣圈层背后，其实隐藏着不容小觑的消费力和传播力。所以，品牌可以借助兴趣的支点，打开进入某个圈层的通道，从而实现对圈层人群的种草。

种草是为了让目标客群感知到产品和品牌的价值，所以很多品牌在设计种草内容时，都会选择与目标圈层人群进行共创，利用他们对自己所在圈层的需求的了解，借助他们的影响力，提升种草效果。

之前某餐后甜酒品牌就和街头文化圈层内的很多知名人士，围绕以刺青、涂鸦、滑板为主题的亚文化，共同打造了一场营销活动。品牌方邀请很多目标客群参与活动，并请专业人士拍摄纪录片，用真实的故事和态度展现和目标客群认知匹配的品牌态度，实现了对特定目标用户群体的有效种草。

四种不同的内容，代表了四种不同的种草内容维度。在构建种草内容矩阵时，品牌要根据自己的营销需求进行整合，同时还要注意内容的差异化，这样才能最大限度地提升内容的种草效果。

布局社交媒体矩阵，
全方位塑造品牌形象

在营销过程中，品牌需要整合不同的社交媒体的功能，有的媒体负责强化品牌认知，有的媒体侧重内容种草，有的媒体促进下单决策。缺少任何一个关键媒体，企业的消费转化链路都有可能被打断。反之，如果企业可以全面布局所有关键社交媒体，则能够增强内容的传播效果，将品牌的影响力扩散到不同圈层。

将社交媒体融入品牌主营销全链路

品牌营销通常分为前链路和后链路：前链路主要指以曝光、种草、决策支持为主的影响用户对品牌认知的环节，后链路指消费者的购买转化等具体行为发生的环节。

社交媒体助力前链路种草

在知乎上，高质量的问答是平台上最常见的内容，而平台对用户的影响也是源于其针对泛生活需求的解答和帮助。所以，在针对知乎用户设计种草内容时，企业应该从用户的生活场景切入，通过提供更多、更有效的生活方案，吸引用户关注；而针对小红书用户设计种草内容时，企业更多的是通过对感兴趣品类的深入研究，输出使用感受、效果对比等，帮助用户进行范围锁定。

在营销的前链路，社交媒体的主要作用是通过场景化的内容，推动品牌与消费者的互动，实现有效种草。

为了提升种草效果，首先品牌要驱动用户主动参与互动和讨论，增强互动氛围，为消费者带来更强的信任感和更深的体验感；然后，品牌要深入细分领域完善内容，增加泛知识、科普类等专业实用内容的占比，强化消费者对品牌的信心；最后，在持续输出的过程中，品牌要注重内容选题和后续优化运营，及时根据产品、服务的迭代，增加新内容，匹配消费者的更高要求。

社交媒体助力后链路拔草

营销的前链路是种草，后链路就是拔草，即促成成交，实现销售转化。进入新零售时代，在哪个平台拔草，就意味着消费者成了哪个平台的用户。消费品企业想要让消费者持续复购，获取源源不断的收入，就必须深入各个平台，与消费者建立强链接关系。

从平台的角度看，社交媒体的消费转化主要分为三种形式：一是，站外直接跳转。平台可以提供丰富的内容互动插件，引导站内种草到站外电商、私域的转化。这样的平台后链路开放性高，链路清晰，可以有效减少跳转流失。

二是站内电商闭环。一般来说，社交媒体拥有自建电商平台，用户可以在站内完成种草到拔草的链路闭环。自建商城转化链路同样高效，而且数据监测维度更加全面。

三是站外间接转化。社交媒体通过影响消费者对品牌的认可度，带来后续的间接销售转化。在实际经营中，站外间接转化较少，主要是用户通过分享扩散，为品牌带来更多的新客户。

什么样的媒体适合营销后链路的销售转化环节呢？其实无论形式

如何，从消费者体验的角度看，简短、顺畅的跳转链路，能够带来高效转化的平台都是首选。

识别主流社交媒体的特征和机制差异

面对千人千面的消费者，品牌需要布局自己的社交媒体矩阵，全方位地连接不同习惯、不同偏好的消费者。根据我们对各个社交媒体的深入研究，包括过去为企业提供咨询服务的实践经验，品牌可以根据自己的营销需要，在小红书、抖音、微博、快手、微信、B 站、知乎等当下主要的社交媒体上，选择关键媒体组成自己的社交媒体矩阵。品牌还要将关键媒体打通、打透，通过饱和投放，实现潜在客户的全方位连接与种草。

当然，各个社交媒体都有自己的内容分发机制，品牌在不同的媒体上进行内容投放时，需要有针对性地制定不同的策略，如图 6-4 所示。在所有社交媒体中，小红书、抖音和微博是内容传播属性相对更强、内容营销效果相对突出的三个平台，在接下来的内容中，我们会重点围绕这三个平台进行内容营销方法的系统讲解。

231

	平台价值及商业角色	平台策略
微信	官方发声阵地，大私域生态阵地	品牌私域主战场，经营客户终生价值
微博	社会化营销，传播阵地	借助话题、圈层等，营销短期实现破圈和引爆，扩大品牌影响力，培养品牌铁杆粉丝
抖音	兴趣电商，实现"品牌—互动—转化—经营"全链路	最大化地拦截品牌流量，以内容为王实现流量高效转化，沉淀自有流量池，促进增购复购的转化增长
快手	以"极致信任"为核心，塑造具备用户黏性的官方电商全链路	流量 + 品牌人设内容连接，强化好感；粉丝沉淀持续沟通 + 后链路转化挖掘粉丝价值，推动业绩持续增长
小红书	通过品牌与消费者共创生活方式，影响消费者产品认知，辅助消费者购买决策	营造好物分享、社区氛围，实现新品种草、单品引爆
B 站	打造品牌年轻化内容营销阵地，影响年轻消费者	挖掘事件、产品新玩法，实现品牌破圈
知乎	搭建专业和可靠的内容平台，帮助品牌与消费者建立长期的信任关系	热门话题、知识营销、主题运营活动、挑战赛等

图 6-4　不同社交媒体的运营策略

小红书，年轻女性的强种草场

作为强有力的种草平台，小红书拥有 2 亿的月活用户，年轻女性用户占了大多数。很多人在购买商品前，会到小红书上搜索相关笔记，辅助自己做出合适的选择。同时，小红书上还聚集了大量有一定声量的各个圈层的 KOL 和 KOC，借助他们的影响力，品牌能够更高效地连接目标客群，如图 6-5 所示。总的来说，小红书的强种草属性，非常适合承载品牌的营销内容。

在具体营销工作中，品牌应该如何在小红书上投放内容？知家从过去为企业提供服务的经验中，总结了一套系统的方法论。

1. 了解平台的内容分发机制

对品牌来说，在小红书上进行内容投放，关键工作就是要打造爆款文章，即互动（点赞、收藏、评论）大于 1000 的笔记。成为爆款文章，品牌的营销内容就可以获得更多的流量，连接更多的用户，提升品牌的影响力，并创造长尾效应。品牌要想打造爆款文章，首先要了解小红书的内容分发逻辑，找到提升互动量的方式。

小红书的内容分发主要分为两个板块：搜索页面和发现页面。在搜索页上，平台通常按照排序逻辑分配流量。与客户搜索关键词

233

前链路内容种草

吸引用户
停留

品牌+KOC内容反复传播，提高
关键词传播频率，扩大认知范围

品牌曝光

培养用户
兴趣

中腰部KOL输出专业干货式内容，
强化用户信任

产品种草

引发用户
好感

加大高颜值内容传播力度，头部
KOL背书，提升用户偏好性

决策支持

促发用户
决策

强关联内容+素人晒单，打造情
感链接，引发感性下单动机

下单转化

推动用户
下单

明确意向产品，在小红书或者第
三方平台下单

后链路销售转化

图 6-5　小红书用户购买动机养成

匹配度越高的内容，在页面上排名越靠前，越容易吸引用户点击。高点击率是高互动量的基础。

发现页面主要是通过算法推荐。笔记发布后，系统会根据过往数据，为笔记"打分"，并根据预估结果，分配相应的流量。然后，平台会根据笔记的内容标签，将其投放给相应的用户群体，进一步收集互动数据。当笔记的互动量超过 1000 时，平台就会将其认定为爆款文章，推送到更大的流量池。从这个角度讲，品牌想要打造爆款文章，一方面标签要足够明确，能够直达有相应需求的用户群体；另一方面内容质量要高，确保品牌账号发布的笔记可以持续得到高互动量。

2. 数据分析找到种草热词

一个有效的红利词可以让笔记被更多的人看见，也可以吸引更多的人围绕主题展开讨论，增加互动量。红利词的选择类似于搜索引擎内的 SEO，一方面品牌要梳理产品的卖点，并将其转化为小红书的关键词或搜索补齐词。实际上，为了确保产品拥有红利词，品牌在选品时就要把好关。同质化竞争程度不高、相关笔记数量较少的产品是最佳的选择。

另一方面，品牌要通过大数据分析，从产品的关键词中，找到当前热度最高、笔记量最少的几个。

> 在皮肤护理产品方面，"屏障修复"的搜索热度很高，同时平台上的笔记数量不多，有足够的红利，这个词就可以作为产品的关键词；相反，"抗初老"的搜索热度不高，但相关的笔记数量很多，这样的词就不适合作为产品的关键词。

在具体的分析工作中，有经验的品牌可以直接拆解平台上的爆款文章，深入分析其获得高互动量的原因，并将分析得到的要素应用到自己的笔记中。对于缺少经验的品牌，可以简单分析平台上有哪些和自身产品相关的热词，然后将自身的产品融入话题，借助后者的热度，提升笔记的互动量。

> 网红早餐在小红书上的讨论度非常高，一些食品品牌可以将自己的产品植入相关美食的制作教程（美食教程类笔记），从而收获良好的互动和品牌宣传效果。

3. 借助 KOL 的影响力，有效种草

现在的消费者对于品牌发布的营销内容，通常缺乏兴趣。品牌需要借助平台上 KOL 和 KOC 的影响力，提升品牌在消费者心中的认可度和美誉度。而且，在小红书上的 KOL 和 KOC，具备打造爆款文章的能力，超过 75% 的高互动及爆款笔记，由腿部和腰部达人贡献。小红书对于这些有一定声量的 KOL，也会给予流量扶持。

至于如何选择合适的 KOL 和 KOC，品牌可以从以下五个方面入手：第一，分析 KOL 和 KOC 的粉丝群体，判断是否与自身用户群体相匹配；第二，根据 KOL 和 KOC 的粉丝变化趋势，判断其粉丝忠诚度；第三，根据 KOL 和 KOC 过往发布内容的爆款文章占比，明确其内容质量；第四，分析 KOL 和 KOC 发布内容的形式是否多样化；第五，横向对比，判断 KOL 和 KOC 性价比。

4. 多种类型内容组合，强化种草效应

在打造具体内容方面，品牌不能让 KOL 和 KOC 自由发挥，而是要和他们共创。品牌需要借助不同类型的 KOL 和 KOC 连接不同圈层的用户，并将核心价值型内容（产品卖点）、用户期待型内容（额外惊喜）、发散提升型内容（有趣形式）结合在一起，提升用户的关注度。从过去的经验看，高效的内容组合应该是 50%的核心价值型内容，30% 的用户期待型内容，以及 20% 的发散提升型内容的有机整合，如图 6-6 所示。在实际工作中，企业往往先通过核心价值型内容打开局面，然后借助用户期待型内容提升效果，最后加入发散提升型内容强化认知。

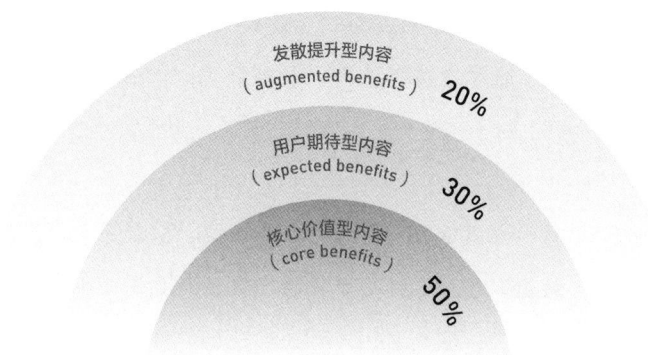

发散提升型内容
（augmented benefits） 20%

用户期待型内容
（expected benefits） 30%

核心价值型内容
（core benefits） 50%

图 6-6　多种类型内容组合强化种草效应

完美日记最早在小红书上发布的内容，主要是宣传产品卖点的核心价值型内容，通过美妆师、达人的使用视角展示散粉如水般流动等产品特性。虽然是强关联内容，但相比单纯讲述产品卖点的内容，种草性相对隐蔽，消费者更容易接受。

随着几款爆款产品持续热销，为了加强品牌认知，品牌在宣传内容里从一些具体的美妆场景入手，增加用户期待性内容，提升种草效果。比如在推广多色眼影时，达人会通过类似"新手实用：完美日记17盘眼影画法集合！！"这样的笔记，教大家十多种不同的组合用法。

用户在掌握眼影颜色搭配技巧的同时，也对完美日记的产品产生了浓厚的兴趣。

品牌影响力提升后，种草内容里开始不断加入"小剧场剧情内容"等娱乐性内容，以突出品牌调性和塑造品牌形象。比起直接种草，小剧场内容更倾向于强化用户对品牌的认知，同时激发用户讨论的热情，维持品牌的热度。比如，视频笔记"这难道就是传说中的'偷心狐妖'吗？"就是通过图文并茂的形式，将产品配色组合的丰富性和美观性展现得淋漓尽致，侧面塑造了品牌的审美风格。

5. 加强互动，打造长尾效应

种草的目的是拔草，品牌在不断强化用户对品牌和产品的信任的同时，也要持续与用户互动，加强内容沉淀，拉动二次分享，推动电商平台传播活动进一步转化为实际销售业绩。

总结小红书的内容营销，主要包括以下四个步骤：第一步，诊断问题，找到内容种草的机会点；第二步，确定内容策略，选定关键词，明确设计方向；第三步，层层破圈，内容种草；第四步，加强用户互动，推动消费转化，创造内容长尾效应。

239

饱和内容：用差异化内容实现有效种草

抖音，综合视频营销生态平台

作为一种全新的内容呈现方式，短视频已经成为很多新消费品牌营销的重要选择，抖音也因此成了当下重要的内容营销平台之一。由于短视频在传递信息、展现使用场景、传播效率上具备优势，动态美、交互型产品更适合在抖音上进行营销推广。

虽然抖音平台适合种草，但对很多品牌来说，如何合理规划短视频内容是一个复杂的课题，也是很多企业找到知家帮忙进行营销落地的原因。在服务企业的同时，知家也总结了在抖音平台上进行内容营销的思路。

1.明确抖音的流量分发机制

只有了解了社交媒体的流量分发规则，才能事半功倍地创造有价值的内容。在设计种草内容前，品牌首先要明确抖音的流量分发机制。

抖音采用的是算法推荐机制。用户上传一条短视频，系统程序首先会判断它是否违规。如果没有违规，就会将这条短视频上传进入种子流量池，也就是分发给当时在线的 200 个用户。然后，平台会记录这 200 个用户的观看行为，比如有多少人看完了，有多少人评论、点赞、分享，有多少人点到主页关注了这个 IP，等等。如果计算出来的数值超出了下一个流量池的阈值，那么这条短视频就会进入更大的流量池。随后，平台会根据这个流量池用户观看的行为记录，决定是否要进一步推荐该内容。这样层层递进，就能完成整个内容的流转。换句话说，从初始流量池开始，一条短视频如果一直能够拥有较高的互动数据，就会被不断地投放到更大的流量池当中，连接更多的用户。

同时，为了实现精准的内容推荐，抖音会对内容和用户进行精细化识别，每条视频的标签是美食、汽车、宠物，还是旅行、学习，用户在什么类型的视频上停留时间比较长，会给什么样的内容点赞、评论或分享，抖音都需要进行匹配分析。

2. 选择合适的 KOL 和 KOC

抖音的流量分发机制，注定了品牌能否出圈取决于内容的优质程度。所以，品牌要想自主完成内容营销，除了打磨内容，没有太多的捷径可走。如果品牌与平台上的 KOL 合作，通过共创的形式输出营销内容，往往会产生事半功倍的效果。

品牌选择合适的 KOL 和 KOC，可以从以下四个方面入手。

- 内容张力

  品牌需要根据达人发布内容的互动率、完播率、爆款文章率等数据，判断达人的短视频内容创作能力。

- 内容变现力

  品牌要根据达人近期带货内容的评论率、点赞率、购物车点击率以及实际转化情况，判断达人的短视频带货能力。

- 内容价格力

  品牌要判断达人的每千次广告曝光的成本（cost per thousand impressions，CPM），在确保营销效果的同时，选择性价比最高的达人。

- 内容潜力

  品牌可以根据达人的涨粉指数/涨粉数、活跃度指数，以及现有粉丝群体中消费中坚力量的占比，即24~30岁这个年龄段的人员占比，分析达人的粉丝价值。

3. 站在用户的角度，合理设计内容

优质内容是设计出来的，尤其是能够打动用户的营销内容，更应该站在用户的角度合理规划。通过对一些优质营销内容的拆解，我们发现品牌会分以下四步去设计内容。

- 视频开始时，用目标客群感兴趣的话题引入，留住潜在客户的同时，也能有效劝退非精准客群。
- 视频进入前期铺垫环节，品牌可以借助 KOL 的背书强化信任，完成有效传播和内容种草。
- 视频进入正题，品牌需要通过演示或展示，有效表达产品卖点，直击用户痛点。
- 视频的尾声，品牌可以通过福利或活动的号召，促进消费转化。

当然，某一类内容吸粉到一定程度后，效率就会衰减。所以品牌在设计内容时，为了最大限度地种草用户，需要用多样化的形式去展示内容。同时，品牌还要不断迭代自己的内容，保证流量的持续性。

4. 制定短视频运营策略

确定了内容形式后，品牌还要制定短视频的运营策略。抖音账号后台提供了很多具体的指标，而这些指标可以成为运营者进行数据洞察的工具，如表 6-1 所示。

饱和内容：用差异化内容实现有效种草

表 6-1　抖音后台运营数据指标

指标	计算方法	标准	结果
点赞率	点赞量 / 播放量	3%	低于 3% 内容不够有趣 或有用
转发率	转发量 / 播放量	0.3%	低于 0.3% 缺少价值 或不够新奇
评论率	评论量 / 播放量	0.4%	低于 0.4% 缺少共鸣
粉赞比	粉丝量 / 点赞量	1∶6	低于 1∶6 没有鲜明特点 缺乏关注动机
5 秒完播率	观看完 5 秒的人数 / 点击观看人数	30%	低于 30% 内容持续观看动力不足 内容结构有问题
完播率	观看完成视频人数 / 点击观看人数	20%	低丁 20% 内容持续观看动力不足 内容结构有问题

通过对这些数据的分析，品牌就可以找到内容的问题出在哪里，然后有针对性地提升缺失的环节。

5. 内容滚动式投放

再优质的内容，只有投放到用户端，才能产生种草效应。所以，确定了内容形式，制定了运营策略后，品牌就需要思考如何进行内容投放。品牌在抖音上进行内容投放最好选择滚动式投放。

所谓滚动式投放，其实是一种风险控制策略，将具体的投放工作分成两个轮次进行，通过试点后以梯次投放的形式来避免一次性投放失败所带来的巨额损失。在实际工作中，首轮投放的目的是收集数据。品牌可以选择 3 ~ 5 个与产品特征相匹配的 KOL 进行合作，根据投放的结果判断这种投放形式是否有效。确定有效后，品牌就可以进入第二轮追投，可以在之前表现良好的 KOL 身上，少量多次地加大投入。第二轮投入结束后，品牌可以再一次总结效果，然后继续挑选其中效果最好的 KOL 进行追投。

微博，品牌声量、热量提升的天然平台

作为门户网站时代就存在的社交媒体，微博直到今天在娱乐、时

尚类内容中仍具有较高的粉丝贡献度和 KOL 占比。目前，泛娱乐内容依然是微博上的最重要内容类别，情感、美食、旅行、母婴等生活内容紧随其后，不断发力。相较其他平台，微博粉丝分布与年龄分布整体较为均匀。

对品牌而言，微博是品牌声量、热量提升的天然平台。做不做微博营销早已不是品牌间的议题，怎样做得更好，才是品牌所关心的。而且，微博作为社交媒体，除了引爆热点，还具备长时间记忆的能力。即使发生在很早之前的事件，也能在微博上找到蛛丝马迹。换言之，内容投放的长尾效应在微博上能够得到很好的体现。

比起小红书、抖音上的内容种草，微博上的内容营销更倾向于通过口碑传播及内容扩散，打造纵向渗透力，将平台的公域流量逐步转化为品牌的私域流量。

在实际工作中，品牌在微博上的内容营销可以分为三个主要板块：其一，明星内容，借助明星、头部 KOL 和 KOC 在微博上的粉丝号召力，实现品牌背书、产品种草和声量破圈；其二，情感内容，品牌寻找"话题点"，提供谈资、热点或情绪价值，吸引用户关注；其三，话题内容，将营销内容融入热门话题，借助话题的热度，实现产品对用户的信息传播。品牌在微博上的营销思路很明确，关键在于如何设计不同类型的内容。

1. 明星内容营销

目前，微博上已经形成了一个多圈层、从明星到草根博主的立体传播结构。大部分事件发生时，头部 KOL 和明星能为相关话题带来最大声量。在此基础上，行业媒体、行业 IP 及大量蓝 V 和多圈层 KOL 的参与，会为话题带来大量的点击，引发更多人搜索相关话题，创造真实的热度。在微博上，品牌进行内容营销的过程中，只有各个圈层的共同参与才能带来破圈的效果，才能创造更多的商业可能。

在明星内容营销方面，品牌在选择明星进行商务合作时需要关注两个重点：一是其粉丝与目标群体的高重叠率；二是其在微博上有较高的用户认可度。在实际合作中，借势明星热度也要看技巧，目前品牌最常用的方法有两种：一是使用明星海报或是明星手持产品的宣传海报进行直接传播；二是找出与产品相关的宣传节点，要求明星配合宣传活动，比如明星定制限量礼盒、转发抽奖送签名照等。

当然，品牌要想真正获得用户的点击和搜索，实现破圈传播，仅有明星发声还不够，行业媒体、行业 IP 的参与必不可少。

2. 情感内容营销

当下年轻用户更偏好真实的、贴近生活的、拥有精神共鸣的内容，所以品牌在微博上进行营销推广时，要寻找话题点，提供谈资、热点或情绪价值。

参加纽约时装周后，李宁联手微博打造国潮化营销，从传统文化、新国潮、新态度等角度全方位引爆，实现了品牌声量与销量的快速提高。

麦片品牌王饱饱在微博上发起的"早安投递计划"，用户可以参与活动，为自己关心的人送上一份早饭。通过这个温情的活动，王饱饱向用户传递了一种好好吃早饭的生活态度，也让更多的用户对品牌产生了好感。

3. 话题内容营销

微博几乎是目前所有热点话题的发酵地和引爆平台，具有新闻实时性、信息海量性等特质。每当出现一些热点话题时，人们的第一反应往往都是到微博热搜上去查看相关信息。从某种程度上讲，"微博热搜"可以视作每日热点话题的领跑者，而这些热点话题也是品牌营销也可以借势的对象。

借助微博热点话题进行营销时，品牌需要时刻注意是否有用广将素材进行二次传播，以及用户评价的方向。这样做，一方面是为了判断话题热度能够为品牌带来多少利好；另一方面是为了在用户评论走偏时及时撤出，避免抹黑品牌形象。甚至，部分超级用户的观点与反馈，有可能在未来产品规划上给品牌提供灵感与方向。

饱和投放：用户在哪里，传播就在哪里

> 国产护肤品牌 HFP 在内容投放方面，首先利用微信号精准投放目标消费者，以小程序刺激增强用户忠诚度，完成入圈；然后通过小红书和抖音进行深度评测，深化产品优势；之后，运用微博、抖音、小红书、B 站进行社媒矩阵组合，传播代言人和跨界联名礼盒，实现破圈；紧接着加码抖音品牌直播与短视频带货，进行流量转化；最后，利用微信小程序打造私域阵地，使用户真正成为品牌的粉丝，提高用户黏性。

只有饱和投放，才能有效实现从内容种草到成交的营销闭环。假设消费者想要购买某种产品，为了了解选择该产品应该关注的重点内容，消费者往往会先到知乎、百度知道等平台上进行搜索和

了解。在确定了符合自己需求的几个品牌后，消费者还会到小红书等平台上，找到相应品牌的测评和体验，深入了解品牌。经过一系列对比后，消费者确认了自己想要的具体品牌及产品，最后才会到天猫、淘宝等电商平台上购买。在整个决策、购买过程中，如果品牌在关键平台上没有透彻传播品牌内容，饱和投放，那么有可能阻断交易链路，无法成功销售。

当然，饱和内容投放的关键是，在各大社交媒体进行穿透式传播布局，要与平台上不同类型的 KOL、KOC 进行合作，从而深入不同圈层，有效连接用户。

> 小仙炖在小红书上的种草，主要围绕产品功效卖点关键词来展开，与此同时，与小仙炖合作的 KOL 也逐渐增多。根据千瓜数据的搜索结果，2021 年 1~10 月，小仙炖的笔记篇数高达 2202 篇，其中粉丝量 100 万以上的笔记 2 篇、粉丝量 20 万～100 万的笔记 31 篇、粉丝量 1 万～20 万的笔记 375 篇、粉丝量 1000～1 万的笔记 13 篇。借助不同类型的 KOL，小仙炖的种草内容逐渐深入不同圈层、人群，形成了渗透式种草打法。

> 橘朵在小红书上合作的 KOL 和 KOC 粉丝量普遍不高，根据千瓜数据的统计结果，2020 年 10~12 月，橘朵关联

250

种草达人数量超过 6000 人，其中粉丝数量少于 10 万的账号占比高达 90% 以上。虽然这些达人的粉丝量不高，但从笔记分析的结果看，与橘朵相关的互动量最高的内容，正是出自这些腰部、腿部达人。

通过平台素人搭配腰部、腿部达人大量分享"种草笔记"，橘朵逐步提高了产品在小红书的声量和热度。这种小成本的试错能让品牌及时根据消费者的反馈做出调整，使营销效果最大化。当然，当某些营销节点到来时，橘朵也会和拥有更多粉丝数量的 KOL 和 KOC 合作，通过预热活动，为之后的大促做好准备。

饱和投放不是没有重点、缺乏思考的全面铺开，而是有侧重、有逻辑的按需展开。企业在不同的发展阶段，对内容种草有不同的需要，要用不同类型的平台和 KOL、KOC 来支撑不同时期的内容投放。

饱和内容：用差异化内容实现有效种草

内容种草，
赋能不同成长阶段的品牌

前文提到，品牌在不同的发展阶段，需要在不同类型的平台上进行内容种草，至于在每个阶段如何开展内容种草并没有详细拆解，接下来，我们将重点探讨这个问题。

纵向：不同发展阶段的企业需要不同类型的社交媒体

从纵向看，品牌的发展大致会经历初创期、成长期、成熟期和衰退期四个阶段。一般来讲，品牌的营销推广活动发生在前三个发展阶段。品牌在每个阶段都有不同的营销推广策略，对社交媒体的使用也会有所侧重。

从零到亿

初创期

品牌建立初期，产品要放在品牌之前。当品牌不知名时，消费者以产品评价品牌；当品牌有一定的知名度时，消费者以品牌评价产品。因为，产品的功能、使用体验带来的具体感受是口碑的基础。因此，在内容种草方面，品牌需要的是种草、拔草同时进行，快速扩大知名度和实现销售转化。

从这个角度讲，品牌在初创期需要的是用户分布和品牌契合度高，能快速扩大知名度，并且具备相对较强的带货能力的社交媒体。同时，考虑到初创品牌在资金和经验方面的短板，这个平台还应该具备准入门槛低的特点。

> 某保健品牌在国内市场进行试推某款产品时，有针对性地选择了以女性用户为主、种草能力强的小红书作为主要营销平台。之后，该保健品牌通过打造重点宣传产品卖点的社交内容，降低消费者的认知门槛，让用户能够快速地了解产品功能，从而推动消费转化。

成长期

品牌在完成从 0 到 1 的产品功能为主的种草后，实现从 1 到 10

的放大，核心在于通过第一阶段的数据人群完成目标人群画像。品牌可以通过目标人群画像，圈定关键词，围绕关键词做人群的破圈种草。

> 橘朵的人群画像是 18 ~ 34 岁的年轻女性，其消费特点是注重性价比和产品包装设计。因此，橘朵在微博和小红书上的种草内容，就围绕"平价性价比产品""联名限量款"等主题展开，从价格、颜值、实用性的角度对产品进行宣传推广。

在这个阶段，品牌需要的是内容质量高、能承载专业科普类背书内容、跳转链路完整、跳转体验良好、投资回报率高的社交媒体。除了微博、小红书，品牌可以借助 B 站上 UP 主的真实开箱点评，展示产品的效果和质量，提升用户对品牌的信任度；品牌可以借助知乎的专业知识问答平台，通过泛生活领域话题种草，助力品牌口碑建设，通过长尾效应持续获得用户信任，带来增长红利。

成熟期

成熟期的品牌要想得到进一步发展，需要全方位的营销推广，覆盖跨品类的多样化客户群体。品牌可以通过跨界营销、品牌联名等方式，多维度、多场景展开宣传活动，扩大宣传面，提升知名度，有效连接用户。

这个阶段的品牌需要公信力强、便于私域导流和运营、内容长效价值高、流量大，曝光度高的社交媒体。比如，品牌可以构建全媒体矩阵，综合利用不同媒体的特性，设计营销活动，全方位传播品牌信息，树立良好的品牌形象，吸引消费者。

> 元气森林在初创期，为了建立无糖、清爽的品牌形象，品牌在微博、微信和小红书上分别进行了内容种草。在微信平台上，元气森林通过说明过度的糖分对人体的危害，引出了无糖饮料的好处；在小红书上，元气森林借助很多 KOL 的好物分享，成功让产品出圈。

> 进入成长期后，除了原有的种草平台，元气森林也开始尝试在 B 站和抖音上进行内容投放。在 B 站上，元气森林与很多 UP 主合作，通过美食制作、产品测评进行宣传；在抖音上，除了常规的美食场景植入、好物分享，剧情性内容也是常用的宣传方式。

> 进入成熟期后，元气森林的宣传方式变得更加多样化，全平台矩阵的营销宣传成为常态，线上与线下联动营销的活动逐渐增多，品牌成功事例的二次传播也备受重视。

255

虽然实现内容的饱和输出，需要企业建立社交媒体矩阵，但不是从一开始就要在所有平台上进行布局。毕竟，刚刚创立的品牌在资金方面本就捉襟见肘，要拿出大量的资金进行营销宣传，显然不切实际。建立社交媒体矩阵，是一个循序渐进的过程，品牌把每个发展阶段的适配平台都做好了，最终也会建立完整的社交媒体矩阵。

横向：不同行业内容种草及社交媒体矩阵的选择

从纵向发展的脉络看，企业在不同的发展阶段有不同的发展需要，所以适配的社交媒体也不同。退一步讲，不同行业的企业，发展的需求有很大差异，所以需要的社交媒体也不同。尤其是数码家电、食品饮料、美妆个护等受社交媒体影响较大的品类，相互之间对平台的选择差异更为明显。接下来，我们将对以上行业进行横向比对，梳理不同行业对社交媒体的差异化需求。

3C 数码行业

3C 数码品类的产品价格相对较高，消费者在做出决策时往往十分谨慎。在进行营销时，品牌主要通过前期的话题曝光，帮助消费者对品牌建立初步认知，然后通过新品发布、电商大促等营销活动带动短周期内的销售增长。在社交媒体的选择上，品牌往往会选择侧重产品评测和使用攻略，强调专业性，有助于促成精准流量直接转化的社交媒体，如微博、知乎等。

食品饮料行业

与数码产品不同，食品饮料的客单价低，决策路径相对较短，属于短决策冲动消费型品类。这种类型的品牌在营销活动中更重视销量和曝光的同步增长，以及口碑的建设和差异化品牌的打造。一些相对特殊的新品牌，产品涉及新概念和知识的科普，企业还需要关注关键用户场景的精准传播。所以，食品饮料行业在社交媒体的选择上，更侧重于流量大、趣味性强的社交媒体，如微博和抖音。

美妆个护行业

美妆个护品类兼有以上二者的特性，消费者在决策时，感性和理性并重，体验分享和成分科普都可以影响消费者的购买决策。虽然美妆个护常常被放在一起组成一个品类，实际上美妆和个护品类有各自的特点。美妆类品牌更关注品牌曝光和产品种草的感性内容输出，个护类品牌更注重向消费者展示产品成分的配比和使用体验等理性内容。能够适配美妆和个护品类宣传需求的平台，一般是具有强有力的品牌曝光和产品种草能力的社交媒体，如微博和小红书。

汽车行业

随着主流消费人群的年轻化，汽车品牌也不得放弃传统的经销商模式，开始尝试更多的营销传播手段，借助用户的关注热度实现销售转化。在选择社交媒体时，汽车品牌往往会倾向于微博、抖音、快手等年轻人聚集的平台。通过社交媒体的流量扩大传播效果，辅助视频、图文等明星媒介资源，品牌可以实现全方位、立体化、多维度传播的目的。更重要的是，这些平台的算法分发机制，可以帮助汽车品牌更好地了解人群差异，吸引目标消费人群，制定更为精准的营销策略方案，实现社交玩法全覆盖。

> 东风雪铁龙与微博合作打造了以"有享法逸起来"为主题的互动营销板块。东风雪铁龙会在主题下发布一些与汽车相关的内容，如产品细节介绍、功能使用说明等，在微博上则会将内容分发到对相关内容感兴趣的用户，为营销活动引流，帮助传播品牌信息和塑造品牌形象。

当然，在汽车智能化潮流下，B站、知乎、小红书等可以为品牌创造、传播知识性内容，也是汽车品牌青睐的营销渠道之一。

哈佛 H6 和 B 站联合推出的"次元狂想"直播盛典，不仅将二次元文化融入了汽车文化，还通过展示语音操控、网络服务等年轻人关注的功能，成功吸引了很多用户的关注，改变了长城汽车以往的品牌形象，更加贴近年轻消费者。

不同行业的企业，不同发展阶段的企业，都需要不同类型的社交媒体来赋能自身的发展。当然，并不是说特定的品类、特定的发展阶段，就一定需要在某个平台上进行种草，而不能选择其他平台。这种所谓的对应性，强调的是最优解，但不是唯一解。

总的来说，优质内容的饱和输出对于品牌的发展具有非凡意义。从用户角度看，饱和内容可以塑造超级口碑并加深用户对产品的记忆；从品牌角度看，内容搭建创新形象，让用户对产品的记忆更深刻；从产品角度看，图文、短视频加持产品的可视化，帮助产品提升社交力。合适的内容在合适的社交媒体矩阵上，可以树立良好的品牌形象，提高流量转化。在品牌直面消费者的过程中，饱和内容不可或缺。

0

从
零
到
亿

HUNDRED MILLION

超级运营：
从产品到品牌的
进阶之路

在现在的市场上，存在大量缺少品牌力的消费品企业，主要销售一些性价比较高的产品。我们生活中很多刚需品类下的产品都属于这个类别。由于产品性价比极高，这些消费品企业的产品往往非常畅销，也正是因为有足够大的销量，企业不至于被极低的利润率影响而营收不足。

这类消费品企业的产品虽然畅销，但品牌力相对有限。用户对商品的诉求侧重于功能化和性价比，很少有人会关注产品背后的品牌。因此，这样的消费品企业几乎没有任何抵御市场风险的壁垒，一旦市场上出现性价比更高的同类型产品，用户就会轻而易举地转向购买其他企业的产品。

以产品及价格驱动营收为主的品牌，尤其是初创品牌，消费者对其尚没有品牌认知，更谈不上品牌忠诚度。

所以，初创品牌在通过短期产品经营逻辑初步打开市场后，就需要秉承长期主义，进行品牌的超级运营，不断提升自身的品牌力。企业通过塑造品牌形象，传达品牌个性和价值观，激发消费者想要认识、接触品牌的欲望，甚至吸引更多志趣相投的消费者，最终实现将独立顾客个体转变为具有共情①能力的粉丝群体，扩大品牌知名度，获得品牌忠诚度，让品牌自带流量。

---

① 共情（empathy），又称神入、同理心，也译作同感、同理心、投情等，在这里指的是人与人之间的感同身受。

超级运营齿轮模型

品牌运营不是一项简单的工作，而是一套复杂的系统工程。通过总结多年的品牌运营经验，笔者提出了一个超级运营齿轮模型。

超级运营齿轮模型解读

优秀的消费品牌比较擅长与客户建立联系，并且能够维护好客户关系，进而拥有忠实客户。在忠实客户的认知中，品牌不仅为自己提供了优质的产品和服务，还是一种生活态度的象征。高忠诚度的客户不仅会持续购买，为品牌持续带来收益，还可以帮助企业做好口碑宣传工作，介绍更多的新客户，为企业节省营销成本。良好的客户关系能为品牌带来诸多好处,因此超级运营成为建立并强化品牌与客户之间关系,培养高忠诚度的客户,提升品牌价值的关键手段。

在实际的品牌运营工作中,企业通常需要完成四个维度的主要工作:品牌话题运营、品牌 IP 运营、社交关系运营、全域消费者运营。这四个维度结合在一起,就组成了品牌的超级运营齿轮模型,如图 7-1 所示。

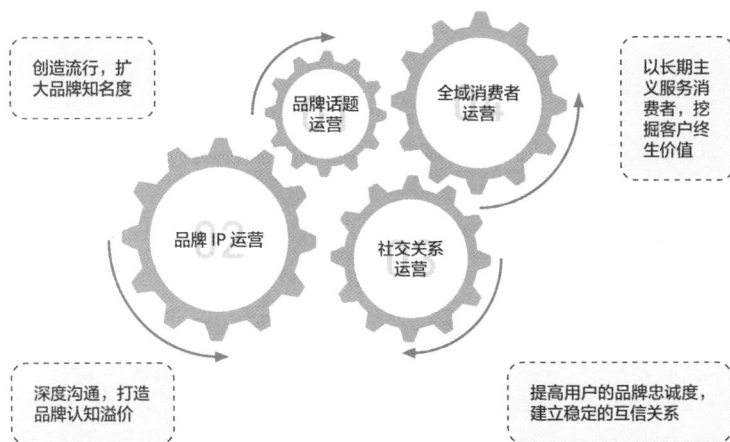

图 7-1　品牌的超级运营齿轮模型

超级运营:从产品到品牌的进阶之路

品牌话题运营：创造流行，扩大品牌知名度

我们现在所处的是一个注意力稀缺的时代，品牌要想吸引消费者的注意力，快速被消费者看到，就需要在内容有效传播的基础上，利用话题打破与消费者之间的隔阂，建立熟悉关系的引子。

一个具有传播力的话题，不仅能在短时间内吸引特定消费圈层人群的自愿讨论、转发，还能衍生出多样化的话题，带来更多的流量。此时，消费者对品牌虽然还没有深入了解，但品牌可以密集、频繁地出现在大众视野中，抓住消费者的注意力，加深消费者对品牌的印象。

品牌 IP 运营：深度沟通，打造品牌认知溢价

品牌 IP 化，就是"用打造 IP 的方式来塑造品牌形象和建立消费认知"。IP 作为一个超级杠杆，在流量成本日益提高的场景下，变得越来越重要。

企业需要紧密围绕品牌和产品所服务的消费者进行 IP 演绎，通过持续输出人格化的品牌内容，从情绪和情感甚至情节层面与消费者产生深度沟通。这样，不仅可以打造品牌差异化"标签"，还能够充分体现企业的品牌文化和价值，让消费者更深刻地理解

品牌、认可品牌。

社交关系运营：
提高用户的品牌忠诚度，建立稳定的互信关系

社交关系运营就是将品牌作为一个平台，建立品牌社区，通过品牌社会化内容不断与消费者进行社交对话、共创品牌形象及体验，形成从陌生人到家人的关系升级。

很多品牌认为，借助流量优势寻找与消费者沟通、互动的连接点，找到最短的沟通路径达成交易就是所谓的社交关系运营。实际上，点头之交和莫逆之交有着天壤之别，简单的连接并不等于成功地建立了社交关系。品牌真正需要的，是借助社交媒体，在与用户进行一对一沟通对话的过程中，提高用户的品牌忠诚度，建立稳定的互信关系。

全域消费者运营：
以长期主义服务消费者，挖掘客户终生价值

品牌与消费者的关系越密切，就越能抵制竞争威胁。如今，品牌与消费者连接的触点相对复杂且无序，传统线性方式推动消费者决策的营销方法不再奏效。只有在"公域→私域→成交→忠诚"

的全链路上，以长期主义服务全域的粉丝、消费者，才能将其逐渐沉淀为品牌的长期客户，获得客户终生价值。

总的来说，品牌话题运营、品牌 IP 运营、社交关系运营和全域消费者运营，是品牌与消费者建立关系并不断加强互信的过程，也是品牌运营的过程。

不同阶段用户的运营方式

品牌是一个以消费者为中心的概念，没有消费者，就没有品牌。品牌之所以能够存在，是因为它可以为消费者创造价值，带来利益。所以，在品牌运营过程中，我们常常需要根据消费者所处的不同用户阶段，设计不同的运营方案。

《体验思维》一书中提到的"品牌与消费者关系模型"，将品牌和消费者的关系发展划分为四个阶段：陌生人→熟人→友人→家人。在每个阶段，品牌运营都有不同的关键行为，如图 7-2 所示。

陌生人：加深印象

在现实生活中，我们常常会遇到很多陌生人，其中绝大多数都是

图 7-2　不同用户阶段的品牌运营关键行为

擦肩而过，不会产生太多的交集。如果一个陌生人贸然向你发出邀请，相信你也不会轻易答应。品牌与消费者的最初相遇，也是同样的情景。品牌只有在合适的地方、合适的时间、合适的机会向消费者发出邀请，才不会被消费者视为打扰和冒犯。

从建立社交关系的角度考虑，品牌需要借助"互动分享"的内容去吸引消费者的关注。这样，在产生记忆点的同时，还能形成有效的连接和对话，让目标消费群体辨识品牌。但是在现实中，很多品牌都是通过一些噱头吸引消费者的注意力。这样做虽然能够在短时间内获得关注，但由此得来的关注并不持久，互动也未必有效。

> 很多品牌在营销过程中会设计一些激励手段，鼓励消费者把自己的消费体验或使用体验在朋友圈进行分享。虽然很多用户为了得到奖励，会主动分享内容，但这种分享大部分是不带感情色彩的展示。

> 很多互联网品牌常用大规模补贴的营销模式，一些品牌凭借福利、打折等优惠措施，实现了用户量的快速积累。但是，一旦品牌不再发放优惠券或者优惠幅度下降，就很难推动老用户的复购和新用户的下单。虽然优惠券实现了消费转化，但品牌与消费者之间依然处于"熟人未满"的陌生人阶段。

品牌与消费者的初次接触阶段，应该围绕消费者进行互动，即使是最浅层的围绕品牌发展出的对话，也是对品牌的记忆点。

熟人：零散接触

在日常交往中，我们会因为兴趣话题结识新朋友，然后在持续沟通和互动中逐渐达成信任，从而产生固定而稳定的联系。企业的品牌运营也是同样的逻辑，当浅层互动分享累积到一定程度后，就要通过"承诺许可"培养熟悉消费者的品牌信任。这个承诺可以来自品牌自身，可以来自社交媒体上 KOL 和 KOC 的背书，等等。

信任是一种累积，品牌要靠零散但持续的沟通，一点一滴真诚地付出，将人际交往逐渐沉淀下来。不要轻易满足于成功的消费转化，企业真正需要的是让用户对品牌产生长久的信心，愿意和品牌建立更深层次的社交关系。

友人：高频互动

品牌能够取得消费者的信任是一件非常不容易的事情，企业不要过早地消耗这份信任，否则信任关系一旦被打破，就很难再次建立。在熟人关系的基础上，品牌要做的是不断提高互动的频率，增强消费者的信任，建立更长久的友人关系。

除了提升互动频率，品牌还需要满足消费者的参与感，不再只是围绕产品的宣传或背书，而是要尝试融入消费者的社交和兴趣圈子，建设具有认同内涵的品牌人际传播链。

家人：主动维护

友人会愿意为你付出，而家人的付出几乎是无条件的，所以品牌都希望把消费者变成相伴终生的家人。只有成为品牌的家人，消费者才会自愿为品牌的发展投入更多的资金、时间、精力和情感。

要想让消费者成为品牌的家人，品牌就要做好成为长跑选手的准备，长期输出稳定的价值观，以此寻求与消费者的共鸣与共振。

总而言之，品牌超级运营的本质是基于品牌与消费者的四个阶段关系，探究每个阶段利用话题运营、IP 运营、社交关系运营、全域消费者运营等方式，快速扩大品牌知名度，撬动品牌自产流量的能力，并与消费者建立更亲密的关系，培养消费者对品牌的忠诚度，持续驱动价值增长。

品牌话题运营

现在的消费者，对于纯粹的营销内容通常不感兴趣甚至有些反感，常规的广告宣传并不能打破品牌与陌生消费者之间的那层坚冰。在破冰阶段，最合理的做法是品牌借助话题的热度在消费者中创造流行的趋势，获得关注。

品牌自带传播性，打响品牌知名度第一枪

在品牌话题运营的初期阶段，企业需要围绕品牌的话题运营，制造即时热点，吸引消费者的注意力，获取初始流量，打响品牌知名度第一枪。

很多企业在刚刚进入市场或新品上市的时候，往往会对新产品进行重点推介。而在话题运营的初期阶段，品牌要做的就是赋予新产品一些个性化的表达，一方面是为了突出产品的独特竞争力；另一方面是为了制造话题，吸引消费者关注。

"阿那亚"①原本是个无人问津的房地产项目，周边没有商城、医院等基础设施，只有一望无际的大海，连本地人都很少到这里来。但之后一条名为"最孤独的图书馆"的短视频，给阿那亚带来了不小的热度，成功实现了品牌影响力的传播。

孤独图书馆是阿那亚社区内一家靠近海边的图书馆。视频中，图书馆、孤独、沙滩、石头等关键元素，给在城市长时间工作和生活的人们，带来了极强的视觉冲击和心灵冲击。承受着生活和工作的压力，隐藏在心底离群索居的愿望，让人们很容易对孤独图书馆这类事物产生好奇感和新鲜感。

一夜之间，很多人都知道了秦皇岛的阿那亚，有一座"面朝大海，但很孤独"的图书馆。高峰时期，450平

---

① 阿那亚，位于河北省秦皇岛市北戴河新区国际滑沙中心北 500 米，开发于 2013 年。

方米的图书馆被 3000 多名游客挤满。

除了围绕产品制造话题，企业可以将产品或品牌融入热门话题，让品牌自带传播性。在话题传播的同时，产品和品牌也会成为讨论的一部分，从而成功出圈，吸引更多的消费者关注。

话题运营的初期阶段，不是为了解决企业流量池的问题，而是在消费者心中快速建立品牌认知，让产品和品牌低成本出圈。类似"双 11"、新品发布会、品牌大事件等关键营销节点，品牌一定不要错过制造话题的机会。

话题长期运营，打造长效品牌效应

建立品牌认知，让产品和品牌成功出圈后，品牌还要进行长期的话题运营，以打造长效品牌效应。

消费者对于话题的关注度通常都是随着时间的推移而逐渐递减的，所以品牌要围绕原有的话题不断增加新的元素和内容，或者开辟新话题，以此保证消费者的持续关注。只有这样，品牌才能维持话题的热度，实现长尾效应；同时维持消费者对品牌价值观的接受度，通过反复传播避免消费者遗忘，延续并丰富消费者对品牌的记忆，让品牌保持活力。

话题运营初期，品牌关注的是如何吸引消费者的注意力，最终成功出圈。但话题运营的最终目的，是帮助企业讲好品牌故事，满足消费者的情感需求，传达品牌态度和价值观，让消费者从内心深处认同品牌。所以，在进行话题运营过程中，方式是灵活的，但品牌价值观是不变的核心。

五菱制造话题的方式和角度非常多样化，但不变的是话题中所传达的"人民需要什么，五菱就造什么"的品牌价值观。

长期话题运营的过程，其实就是在消费者心中不断夯实品牌价值观的过程。当然，这是一个集腋成裘的过程，很难一蹴而就，但只要坚持不断的努力，总有一天会有源源不断的增量消费者会被品牌打动。

品牌 IP 运营

生活在移动互联网时代的消费者有自己的表达欲望、想法和价值观，比起企业在营销宣传中所传达的所谓专业建议，他们更愿意从自己的朋友、伙伴口中了解对某个产品、品牌的看法。换个角度讲，当品牌可以在消费者的社交圈层中打造一种潮流时，消费者也必定会追随品牌。

现在很多家长为了和孩子保持联系，但同时尽可能避免孩子沉迷手机，常常会给孩子购买电话手表作为日常的沟通工具。

单纯从产品的维度出发，某电话手表的性能相对普通，之所以能够得到消费者的青睐，原因在于该品牌对于儿童用户圈层的渗透。它是早期进入电话手表领域的品牌之一，因此积累了很多用户。潜在用户（孩子）看到身边的同学和朋友都在使用这款产品，而且只有使用同品牌产品才能与自己的朋友和同学交流、联系，所以自然而然也会对这个品牌产品产生"唯一性选择动机"。

业内很多专业人士在评价儿童电话手表时，强调社交工具的使用已经形成了儿童社交的排他性。对小朋友来说，电话手表不仅是个联络工具，还是标志并辨识社交身份的 IP 工具。

如果说品牌是"理性的内在"，那么 IP 就是品牌"感性的外在"。在同质化竞争日益激烈的当下，品牌凭借硬实力很难出圈。如果企业可以把想要输出的信息包裹在一个感性的外衣下，从消费者的感性思维入手，强化品牌认知，往往可以在潜移默化中影响消费者的购买决策。

相对于传统的营销模式，IP 运营的优势非常明显：一方面品牌可以通过 IP 人设、符号、标签的设计，构建品牌识别体系，让品牌的独特属性和固有优势能够被消费者清晰感知；另一方面，品牌可以围绕 IP 人设，不断创造新鲜话题，获得消费者的持续关注。

在实际工作中，品牌应该如何进行 IP 运营？我们建议企业从产品 IP、个人 IP、品牌 IP 三个维度入手。

产品 IP 化，塑造差异化竞争力

在同质化竞争日益激烈的当下，品牌很难通过产品品质在市场上获得太大的竞争优势。产品 IP 化的主要目的就是跳出理性层面，通过特殊的感性连接方式，展现产品的差异化竞争力，以此获得消费者的关注。

产品 IP 化并不是为了提升产品的价格，而是为了建立与消费者的独特情感联系，通过运营 IP 的口碑，降低营销成本，形成竞争壁垒。

个人 IP 化，企业家魅力也是品牌附加价值

简单来说，个人 IP 化就是将个人精神注入品牌和企业中，通过个人 IP 的魅力加持，产生号召力。格力的董明珠、小米的雷军、特斯拉的马斯克等，都是社交媒体上的大 V，他们拥有巨大的流量和众多粉丝。个人的 IP 化，可以让企业家的个人影响力与品

牌影响力绑定在一起，借助特定的营销动作，为企业带来更多的流量。

作为小米的创始人，雷军一直扮演着代言人的角色。几乎每次发布会，雷军都会为小米站台。白衬衫、牛仔裤的经典形象，不仅体现了雷军随性、自然、厚道的企业家风范，同时也是对小米"价格厚道、感动人心"定位身体力行的诠释。对小米而言，雷军的个人IP也是品牌形象的重要组成部分，所以很多基于个人IP的运营，最终也是为了作用于品牌的整体发展。

在小米成立十周年的演讲中，雷军讲了三个故事。第一个故事是关于小米的一个忠实用户，他是一名风电工程师，因为小米对用户的态度，以及愿意把价格厚道的产品带给每个人的愿望而成为小米的粉丝。这名粉丝说过这样一句话："因为小米不一样，小米的理念不是赚更多钱，小米选择了一条更艰难但是更有意义的路。"借粉丝的话，雷军是为了强调在如今瞬息万变的时代，小米要保持自己的初心。

第二个是金山的故事，讲的是雷军自己是如何进入金山，又是如何从上一任企业领导者手中接过重任的。在讲这个故事时，雷军说了这样一句话："今天看起来，当初不理智的选择，背后默默影响我的，其实就是四个字，情义无价。十年来，对用户、对员工、对合作伙伴，小米始终如此。"

第三个也是最后一个故事，讲的是小米上市破发的往事。雷军强调："我们一定要努力工作，不能亏别人的钱。"

三个故事，代表了雷军个人 IP 的不断升级，也让用户感受到小米品牌形象一步步从小创业公司向知名"大厂"的逐渐升级。

当然，除了企业创始人，明星销售人员、知名技术人员、战略合作伙伴甚至带有特殊身份的顾客，都可以打造成企业的个人 IP。他们的故事，同样也可以感动广大消费者。

品牌 IP 化，强化品牌情感联结

品牌 IP 化是通过赋予品牌文化符号的形式，如卖萌的小动物、卡通形象等，软化品牌的坚硬外壳，用更加感性的方式去吸引消费者。这样，品牌可以有效打消消费者对于推销的抵触和反感，更容易和品牌成为"朋友"。

作为线上线下结合的新零售模式下诞生的首批实验者，盒马鲜生为了更快地接近消费者，从品牌的谐音和标志出发，打造了"盒马先生"IP形象。这个憨态可掬的人形河马，成了品牌最早的情感交流和年轻化表达的抓手。

之后，随着业务范围的扩大，以及消费场景的增加，盒马鲜生发现单一的IP形象很难承载多样化的营销内容，为了实现对所有消费者的有效传播，企业根据盒马消费者画像数据，推出了新的"盒马家族"IP形象。在这一形象中，包含了不同年龄段的一家七口，分别对应了00后、90后、80后、50后老中小全年龄段的个人形象。在日常经营中，盒马鲜生会根据营销的主要目标客群，设计故事情节，然后通过场景演绎传达信息。

比如盒马"双12"的"盒马五周年，请你霸王餐"活动，就是通过"盒马家族"的故事演绎，介绍了线上、线下各种活动的主要玩法，不仅让消费者轻松了解了营销的内容，贴近生活的人物形象和场景也拉近了消费者与品牌之间的距离。

不同于品牌本身的"超级符号"，IP 其实是品牌符号化的外延，能够唤醒品牌 IP 核心用户的深层情感、底层记忆甚至是长期情怀，更是品牌在对抗消费者注意力分散的良方。因此 IP 的打造要符合品牌的价值观、精神内核、品牌个性，也要符合核心用户的情感倾向，与其产生心灵上的共鸣。只有这样，才能将消费者的注意力快速吸引过来，在特定圈层人群中形成热议，最终让独立的顾客转变为具有共情能力的粉丝集体，发自内心地认同品牌并在圈层中主动分享，形成裂变效应，让更多的消费者看到品牌、认可品牌及其价值观。

社交关系运营

在今天的市场上，品牌的运营离不开社交这个话题。很多品牌都想与用户"交个朋友"，但最终发现二者想要建立稳定的社交关系，是一件非常困难的事情。

以消费者为核心的品牌社区运营

如今，企业与消费者之间不再是简单的供需关系，而是更加深入的社交关系。毕竟企业追求的不仅仅是一次成功的交易，而是长久的复购与主动的推荐。

但是这种社交关系的建立并不容易，现实中很多品牌为了成为消费者的朋友，会采用很多"强制性"措施，比如在登录品牌的网站时，如果不注册账号，不录入手机信息就无法浏览相关信息甚至定购产品。采用类似方式，看似消费者成了品牌的用户，但消费者的内心并未真正认可品牌，甚至还会对品牌产生反感情绪。作为被选择的一方，品牌更应该做的是搭建一个社交平台或社区，然后通过丰富的渠道和内容，持续吸引消费者，赋予品牌真实的社交感。

"坚持和用户做朋友"是小米的品牌理念之一。小米公司每年都会通过固定的各类营销活动，加强小米与粉丝的联系，除了和媒体合作、请明星作为品牌代言人，也会邀请米粉成为品牌代言人。同时，小米公司也为米粉造节，比如每年的米粉节和米粉俱乐部等，借由这样的机会，让品牌与消费者面对面互动，以此让消费者感受小米的服务创新，传达品牌文化。

作为用户养成型企业的蔚来，也非常注重与用户的沟通与互动。通过对品牌社区的持续投入，蔚来通过线上App和线下俱乐部联动的完整社交生态，不仅能够承载用户的社交需求，还能囊括吃喝玩乐等方面的多场景体验。蔚来社区为用户打造的情感体验，也是增强用户黏性与忠诚度的重要法宝。

要想和消费者交朋友，品牌首先需要改变自我定位，不仅作为产品和服务的供应者，也应该是平台或社区的构建者。

从兴趣出发，抓住消费者的情绪点

现在大多数年轻消费者对产品的认知，已经不再局限于产品功能层面，而是会更多地考虑产品背后的精神价值、附加价值等。对品牌来说，只有真正从消费者体验的角度出发，匹配消费者的兴趣，抓住消费者情绪点，流量才能为传播助力，拉近品牌与消费者的关系。

之前，品牌联名是引起消费者兴趣的有效营销方式，两个原本看似没有任何联系的品牌突然走到一起，确实很容易引发人们的好奇心。随着联名营销越来越频繁地出现，消费者也逐渐习惯了企业的这种营销手段。现在，即便两个品牌高调宣布发布联名款产品，也很难引起消费者的关注。

实际上，这种来自形式上的新鲜感，来得快，去得也快。真正想要匹配消费者的兴趣，抓住消费者的情绪点，品牌还是要从消费者的特质出发，量身定制相关营销活动。

> 小米的粉丝身上有着鲜明的硬核青年标签：喜欢拥抱新技术、创新、黑科技。所以小米在营销过程中，也常常会从产品的创新、差异化、科技感这三个维度进行设计。

> 比如小米与著名波普艺术家凯斯·哈林（Keith Haring）合作发布的联名定制款手表，借助涂鸦的方式表现产品潮流感，也是以艺术联名的方式，为产品贴上潮流标签，收获了不少年轻消费者的青睐。

> 又如，小米和阿萨姆奶茶联名推出的好心情音乐杯产品，当用户将奶茶倒入杯子，杯子会有数据感应，从而播放不同的音乐。对硬核青年用户来说，这种"饮料＋黑科技"的全新体验是值得一试的有趣产品。

兴趣是最好的老师，同时也是最好的消费转化推手。从消费者的兴趣标签出发，品牌往往更容易被消费者接纳，从而更高效地建立二者之间的深度联系。

和用户一起做内容

我们在交朋友时会发现，两个人聊得越多，聊得越深入，关系就会越亲密。品牌的社交关系运营也是同样的道理，只有抓住每一次机会、时机，巧妙地与消费者沟通，才能不断深化双方的社交关系。

2021 年 3 月底，小米发布会宣布使用新的标志后，引来了大量的米粉互动。有人说"小米花钱买了个寂寞"，也有人说"这样的设计我上也行"。除此之外，也有很多米粉进行了二次创作，用小米的新标志做了一张视力测评表。有趣的是，小米真的采纳了这个粉丝的建议，专门设计了一款带有视力表的环保袋。这波三次创造，再一次引起了不少米粉的互动讨论和购买。

小米不仅会把握好每一次和用户沟通的时机，同时也会不断地创造各种与用户沟通的机会。比如，小米之前组织过"雷军和米粉朋友们的年夜饭"活动。春节前后，雷军及小米团队与 9 位米粉一起吃了年夜饭，现场聆听了用户真实的心声。不仅如此，之前雷军还在微博上发起了"雷军对话米粉"的长期话题，随时征集用户对于小米的建议和意见。

实际经营过程中，很多企业会不自觉地放弃很多和用户沟通的机会。比如，在电商平台上，用户常常会发布一些评论，对企业来说，无论针对好评的感谢还是针对差评的解释，都是一次展示产品优势和品牌形象的机会。但很多企业在运营网店的时候，常常会选择自动回复，这种千篇一律的标准回答，用户即便看到了也不会有所反应。

从这个角度来说，社交关系的运营，关键在于内容的共创。因为共创可以把品牌单方面的公关表达，变成与用户良性的沟通，在解决用户实际问题的同时，还可以充分展现品牌对用户的重视。对品牌来说，即便只是一次对用户评价的有效回复，也会让用户感受到品牌的善意与诚意，从而与用户建立更加稳定的社交关系。

拓展接触的场景，为消费者提供更多的体验

在社交关系运营的过程中，品牌社区的搭建、兴趣内容的输出、内容共创，无一例外都需要多样化的场景作为支撑。品牌需要根据消费者的兴趣和需求，拓展接触的场景，全面覆盖个人场景、家庭场景、出行场景、公众场景等，打造深度体验场景，加强与消费者的联系。

目前，小米的生态链已经从手机延伸到智能生活领域。运动手环、平衡车、电动牙刷、扫地机器人、双肩包、行李箱等多种产品，在小米之家上都能够找到。随着生态链的逐渐丰富，小米也成功拓展了消费者和品牌接触的场景，无论线上还是线下，都能形成直接连接消费者的触点，不仅为消费者提供了更加丰富的体验，还加深了和消费者之间的联系。

品牌连接消费者的场景越丰富，意味着与消费者建立社交关系的机会越多，制造话题的出发点越多元。当然，场景的拓宽不能以牺牲消费者体验为代价，否则失去了消费者的信任，机会再多也没有意义。

全域消费者运营

为了贴近不同类型的消费者，DTC 品牌会把自己的渠道扩张到各个社交媒体上。渠道的扩张提升了品牌连接消费者的能力，但同时增加了运营的难度。

如果企业针对不同的平台组建不同的运营团队，一方面随着用户数量的增加，人力成本会急剧上升，差异化的运营策略也容易让用户产生被区别对待的不良体验；另一方面，很多公域平台上的用户很难转化为品牌的私域流量。

对品牌而言，更合理的运营策略应该是全域消费者运营：打通品牌直面消费者的所有链路，将全渠道的消费者汇聚到以微信、

App、官网为主的品牌私域阵地上，构建全渠道消费者运营矩阵。与此同时，品牌应借助数字化工具，通过建立会员体系，培养不同阶段品牌与消费者的社交关系，挖掘消费者全生命周期价值。

数字化是全域消费者运营的基础能力

要想打通品牌直面消费者的所有链路并组建会员体系，一个非常重要的前提是品牌需要足够了解自己的消费者。只有明确消费者的喜好和习惯，品牌才能有的放矢地设计运营策略，推动消费者进入品牌的私域流量池。

在过去主要使用现金和刷卡结算的时代，品牌很难知道消费者从何而来，购买了哪些产品。即便有交易记录，也很难将具体的信息对应到某个消费者身上。现在，随着数字化技术的逐渐成熟，通过业务前后端的数字化重构，品牌可以有效地汇总消费者的消费数据，分析消费者的消费偏好和习惯。有了足够的数据作为支撑，品牌的决策和管理也会更加精准，实现运营工作的降本增效。

无论消费者在何种场景下进行消费，盒马鲜生的订单最终都会汇总到统一的交易平台上。之所以这么设置，是为了有效收集数据，充分了解消费者的消费偏好和习惯，为运营方案的设计指明方向。为了确保数据的准确性和有效性，盒马鲜生一直致力于将线下私域流量和线上公域流量转化为线上的私域流量。比如，消费者在门店内进行消费，结算和支付时还是需要到盒马自己的点单小程序中操作。通过这种支付设计，线下的消费者基本都成了盒马线上小程序的用户。

我们一直在强调品牌需要和消费者建立稳定的社交关系，如果对消费者一点也不了解，又怎么和消费者交朋友呢？所以，对于能够帮助品牌了解消费者特性的数字化能力，企业一定要把它作为重要的基础能力来打造。

找到与消费者产生持续社交沟通的关键私域触点

品牌与消费者建立社交关系需要"双向奔赴"。品牌可以主动创造沟通机会，但也要得到消费者的认可，双方才能建立真正的联系。在建立社交关系的过程中，时机的把握非常重要，如果品牌可以在一个合适的节点，输出合适的话题，往往可以事半功倍地获得消费者的好感。这也是为什么品牌需要找到与消费者产生持续社交沟通的关键私域触点。

293

在现实中，每个品牌都有自己连接消费者的渠道矩阵，但不是每一个渠道都能把消费者转化为自己的私域流量。

> 耐克拥有很多的营销渠道，微信平台上有公众号和小程序，电商平台上也有旗舰店和分销商的店铺。虽然品牌也可以在电商平台上与消费者进行交流，但往往是消费者主动发起，即便品牌主动向消费者发起沟通，一般也会因为无法及时收发信息，而得不到有效回应。类似这样的渠道，很难作为建立社交关系的关键触点。

> 对耐克来说，真正的关键私域触点是官网、App、小程序等。在这些渠道中，品牌随时可以发起和消费者的沟通，而且消费者也能随时看到品牌发出的内容，沟通起来没有障碍，自然更容易建立社交关系。

目前来看，很多品牌都倾向于把关键私域触点建设在微信生态中，一方面是因为微信是人们日常生活中最常用的社交工具；另一方面则是因为微信平台完善的数据闭环，可以为品牌提供完善且精准的用户数据。

> 耐克的小程序具备帮助用户建立运动计划的功能，通过日常的建议和反馈，可以和用户建立良性沟通。美妆品

294

牌 YSL 的小程序更像是一个分享社区，用户可以在小程序中分享个人的产品体验，从而获取积分。通过这种既能满足用户分享欲望，又具有一定趣味的形式，YSL 的小程序已经成了品牌与用户、用户与用户之间社交的重要渠道。

从消费者运营的角度来说，找到关键私域触点所在的平台并不是重点。毕竟，平台只是连接消费者的载体，品牌与消费者能否建立社交关系，取决于能否找到与品牌相关可持续性的话题，让消费者愿意参与互动。

搭建统一的全渠道会员体系

同样作为品牌的私域流量，品牌的会员和公众号、小程序中用户的意义截然不同。前者意味着更深的认同和更高的信任，代表了持续的复购，和可能发生的社交裂变。所以，几乎所有的消费品企业都希望将自己的用户转化为会员，但这并不是一件容易的事情。

现在，企业需要的是一套能够兼顾不同类型用户的全渠道会员体系。一方面是因为全渠道会员体系可以聚沙成塔，最大限度地提升会员的数量；另一方面，统一的体系也代表了标准化的消费体验，在确保公平的同时，还可以提升用户对品牌的信任。

在实际的工作中，全渠道会员体系的搭建通常会分成三个步骤。

首先，企业需要打通不同渠道的会员数据，找到统一管理的办法。一般消费品企业在经营的过程中，每个渠道都会沉淀部分会员，比如良品铺子的实体门店有独立的会员体系，线上 App 也有自己的会员体系。一般情况下，不同渠道的会员体系会存在较大的差异。为建立统一的会员体系，品牌需要综合分析不同渠道会员的数据，建立统一的标签和画像分类，从而找到对所有渠道用户均有效的管理思路。

> 宝岛眼镜的门店会设置数字化管理系统，每个在门店验光、配镜的用户的相关信息，导购人员都会进行系统标记。在记录的同时，导购和验光师还会根据用户的特征和偏好，为用户贴上准确的标签，这样做为后续的会员管理工作提供了方向指引。

其次，企业需要根据既定的思路，构建会员成长系统，设计针对不同等级会员的营销方案。一般情况下，新客户的营销主要以推动转化为主；老客户的营销则分为拉动复购和强化分享两个板块。在具体运营过程中，企业营销方式的设计要以数据分析为依据。

> 永辉超市通过数字化运营系统，可以对会员需求进行精准分析。以此为基础，永辉超市能够提前预测可能出现销量暴增的产品类型，并提早进行仓储安排，调派足够的运送人手。数字化方面的优势，使得永辉超市具备了比其他传统超市更快的反应能力，疫情防控期间为很多会员提供了紧缺的各种物资，无形中加强了会员对品牌的信任。

最后，会员体系并不是一成不变的，品牌也要根据会员运营的实际情况，及时对会员体系进行调整，保持运营效果的最大化。

采用 SOP^① 的会员体系进行精细化运营

对品牌而言，全渠道消费者运营是一件越早进行越容易完成的工作，因为用户数量越少，分析和运营的复杂程度越低。那么，用

---

① 标准作业程序（standard operating procedure，SOP），是指将某一事件的标准操作步骤和要求以统一的格式描述出来，用于指导和规范日常的工作。

户数量巨大的品牌应该如何进行全域消费者运营？我们的建议是采用 SOP 的会员体系进行精细化运营。

简单来说，SOP 的会员体系就是在原有的会员体系中，加入标准化的流程。这样，企业只需要录入用户的基本信息和相关数据，会员体系就可以自动运转，用既定的合适方式去针对用户进行营销。

具体来说，在设计会员体系时，企业要根据全渠道用户的数据，为用户设定标签，进行分组。在建立标准化会员体系时，企业要将原本的标签汇总，把碎片化标签转变成可用的标签包，根据每个标签包指向的用户群体的精准需求，设计个性化的营销方案。然后，按照用户全生命周期，企业还要将营销方案拆解成具体的执行流程，一步步按照计划进行全域消费者运营。

> 在提升复购的用户运营方面，瑞幸采用的就是一条标准化、自动化的流程。比如用户在瑞幸下单第一杯咖啡时，得到的折扣力度通常较大，假设是 1 折。之后为了提升用户的复购率，瑞幸会继续发放优惠券，但折扣力度会相应降低，第二次可能是 2 折，第三次可能就是 5 折。在持续给予折扣优惠的鼓励下，用户的流失率会大大降低。等到用户习惯了每天喝一杯瑞幸咖啡的时候，

即便折扣仅仅只是9.5折甚至9.8折，他们依然会继续复购。

面对大量的用户，如果每天都是以人工方式计算优惠额度，一方面容易出错，另一方面也会严重地消耗员工的精力。标准化、自动化的会员体系可以有效地解决这个问题。

总的来说，数字化是全域消费者运营的基础；关键私域触点是运营的切入点；会员体系是运营的系统架构；SOP的会员体系是运营的必要手段。在全域消费者运营过程中，会涉及很多专业的课题，包括用户数据的汇总和分析、渠道的建立、会员体系的搭建等。只有经过长时间的努力和积累，企业和消费者之间才能真正建立深厚的情感联系。

也正因如此，在品牌运营这个课题上，企业要时刻提醒自己坚持长期主义，不因一时的失利而放弃，也不为眼前的利益而改弦更张。很多世界知名的消费品牌，都是经历长年累月的运营，虽然传统守旧，但依然有消费者愿意买账。很多年轻的品牌，虽然跟随潮流应运而生，但朝令夕改会让人望而却步。

DTC品牌双环增长模型的外环，即长效增长的三个重要环节——

关键渠道、饱和内容和超级运营，共同构成了一组相互交织的齿轮系统。在品牌"从极致单品到品类王者"的成长之路上，三个齿轮产生的持续驱动力将推动产品及价格增长转向品牌驱动增长，带动品牌势能与溢价。

尾声

DTC 品牌
会权衡和布局更多元的渠道 [①]

在过去，我看到有顶尖的咨询机构和知名电商平台都曾在市场上零星地提出"品牌会融合私域与公域""品牌在整合线上与线下"等。在这样的观点下，我想进一步去思考究竟什么是"整合"，又如何去定义"融合"。于是，我重新整理了过往的实战经验及进一步的研究探索，写成本书。我有理由确信这不仅仅是一个简单的想法，这其实是一个解决品牌困顿的一个通路。

[①] 本文参考德勤和天猫联合发布的《秉持长期主义，创造长期价值—FAST+ 方法论：以私域为核心的全域消费者持续运营》一文数据。

如今，消费者的确越来越挑剔，为了提升消费者的消费体验，也有一些品牌采取了从线下走到线上，同时也有很多主攻线上的DTC品牌，开始布局线下的快闪店或实体店。就像我在之前的章节中提到的，无论在什么时代，实体店为消费者带来的真实、直观体验，是其他渠道无法取代的。而在未来，消费者需求的差异化会进一步提升，在消费体验方面的需求会不断个性化。同时，由于消费者复杂而多样的需求，客户旅程会从统一慢慢转变为无序的状态，而企业连接消费者的关键触点也会因为客户旅程的无序变得更加碎片化。在这种形势下，企业需要权衡和布局更多元的渠道，才能有效连接、管理和运营不同的消费者，提供尽可能多样的消费体验，满足消费者差异化、个性化的需求。可以说在未来，企业需要有策略、灵活地使用各种渠道，实现渠道的自主性。说具体一些，线上线下渠道的融合可以为企业带来很多方面的优势，比如，打通全渠道的购物旅程体验，为消费者提供更个性化的服务；提升线下门店的灵活性，让消费者能够更轻松地获取高质量的体验；提升线上渠道的交互性，让消费者更了解品牌的产品和服务；提供灵活的退换货渠道，强化用户的信任，等等。

Love，Bonito 是新加坡本土的一家时尚品牌，最早是通过线上网站销售自己的产品，之后为了满足消费者多样化的需求，开始设置线下实体门店，从全渠道融合的维度，为消费者提供更丰富的

从零到亿

产品和个性化服务。

首先，Love，Bonito 打通了线上和线下会员系统的通路，无论实体店的服务人员还是网店的客服，都可以根据用户的支付卡片信息，清晰地判断对方是新客户还是老客户，从而有针对性提供合适的服务。

其次，Love，Bonito 还打通了线上和线下销售渠道之间的通路，消费者在门店挑选商品时，如果店铺内没有合适的尺码或颜色，服务人员会帮助消费者在网上下单，由其他仓库发货，尽可能满足消费者的个性化需求。而消费者在网上购买的产品不太合适时，也可以直接到门店退换。

当然，从最大限度获客和打造全方位消费体验的维度考量，除了企业的自有渠道，那些非直营渠道，尤其像经销商等渠道，是DTC 品牌未来需要权衡和布局的重点之一。2020 年，安踏宣布全面推进安踏集团的数字化转型战略，希望通过直面消费者的模式，实现对人、货、场的重塑。而在这个转型的过程中，安踏非常重要的一个举措就是对于原本经销商经营的门店进行了全面收购，计划将全国 11 个省市约 3600 家店铺的 60% 收归直营管理，保留 40% 的门店由加盟商进行管理。安踏此举的目的是对原来的传统非直营渠道进行升级转型，把无法直面消费者的非直营渠道，变为官方监管、经销商管理，通过收购，形成多元线上、线下渠道共同直面消费者的效果。

不管未来怎样，消费者始终不会放弃对更好的体验的追求，所以即便是传统的非直营渠道，也需要直面消费者。未来线下渠道和非直营渠道有很大可能会成为 DTC 品牌持续增长的关键。而这也标志着 DTC 的一种转变，不仅要全渠道覆盖，更要全渠道融合。

我们已经看到，DTC 正在改变和推动很多行业的营销变革，尤其是传统行业要向 DTC 品牌学习，建立品牌与消费者的第一沟通阵地，做好全域消费者运营，尤其是汽车、家居、酒店、旅游、房地产、别墅装修、珠宝、家电等客单价相对偏高的行业，更需要通过 DTC 转型获得用户和业绩的新增长。

从零到亿

参考文献

[1] 劳伦斯·英格拉西亚.DTC 创造品牌奇迹 [M]. 汤文静，译 . 天津：天津科学技术出版社，2021.

[2] 王晓峰 .DTC 转型战略：直面消费者业务的顶层设计架构与方法论 [M]. 北京：机械工业出版社，2022.

[3] 李善友 . 第二曲线创新 [M]. 2 版 . 北京：人民邮电出版社，2020.

[4] 菲利普·科特勒 . 营销革命 4.0：从传统到数字 [M]. 王赛，译 . 北京：机械工业出版社，2017.

[5] 凯西·希拉.用户思维 +[M].石航，译.北京：人民邮电出版社，2017.

[6] 尼古拉斯·克里斯塔基斯，詹姆斯·富勒.大连接：社会网络是如何形成的以及对人类现实行为的影响 [M].简学，译.北京：中国人民大学出版社，2012.

[7] 张云，王刚.品类战略：十周年 [M].实践版.北京：机械工业出版社，2017.

[8] 艾·里斯，杰克·特劳特.定位 [M].邓德隆，火华强，译.北京：机械工业出版社，2010.

[9] 黄峰，赖祖杰.体验思维 [M].天津：天津科学技术出版社，2020.

[10] 水青衣，焱公子.引爆 IP 红利 [M].北京：中国友谊出版公司，2022.

[11] 贾伟.产品三观 [M].北京：中信出版社，2021.

从零到亿

[12] 稻盛和夫 . 干法 [M]. 曹岫云，译 . 北京：机械工业出版社，
      2010.

[13] 罗伯特·西奥迪尼 . 影响力 [M]. 陈叙，译 . 北京：中国人
      民大学出版社，2006.